NORBERT BERTRAND BARBE

HISTOIRE DE LA GAUCHE FRANCAISE

DE LEON BLOY A LEON BLUM

POESIES

Nihil est, quod discere velis, quod ille docere non possit.

BÈS EDITIONS

ISBN: 978-2-35424-198-8

Collection "*Cresson Bleu*"

ISSN: 1767-106X

Collection "*Cresson Bleu*"

ISSN: 1767-106X

""*Une rapide fortune est le problème que se proposent de résoudre en ce moment cinquante mille jeunes gens qui se trouvent tous dans votre position. Vous êtes une unité de ce nombre-là. Jugez des efforts que vous avez à faire et de l'acharnement du combat. Il faut vous manger les uns les autres comme des araignées dans un pot, attendu qu'il n'y a pas cinquante mille bonnes places. Savez-vous comment on fait son chemin ici? par l'éclat du génie ou par l'adresse de la corruption. Il faut entrer dans cette masse d'hommes comme un boulet de canon, ou s'y glisser comme une peste*".../... "Etre fidèle à la vertu, martyre sublime! Bah! tout le monde croit à la vertu; mais qui est vertueux? Les peuples ont la liberté pour idole; mais où est sur la terre un peuple libre? Ma jeunesse est encore bleue comme un ciel sans nuage: vouloir être grand ou riche, n'est-ce pas se résoudre à mentir, plier, ramper, se redresser, flatter, dissimuler? n'est-ce pas consentir à se faire le valet de ceux qui ont menti, plié, rampé? Avant d'être leur complice, il faut les servir.'"*

Balzac, *Le Père Goriot*

SOMMAIRE

46- Eradication - Le Triomphe de la Mort an 6 avant 2000 (ou Jalousie divine)
47- Pauvre Pancho
48- Prisons
49- Le Gros rond dindon
50- Juppé Bad Bad Song
51- Marcus Curtius Song
52- Plus à vendre - West Point Joint's Song
53- Justice sans dents
54- Contine franco-teutone aux pâles aulnes
55- Bucéphales baveux - La chanson des condamnés pour rien, pour politique
56- Polis et tics - RFI Internationale Surveillance
57- Extase nucléaire
58- Erections pestilentielles
59- Futur Objectif
60- Sans rimes
61- Mises carrées - (Nothing down)
62- Hymne Communiste
63- Tirade pour un honneur déchu
64- Pavés
65- Nuit
66- Tendre comme le souvenir
67- Cariste à Monoprix
68- Liste octogonale
69- Mithridatisation
70- Tristesse
71- Perséphoné
72- Noël - Mythologies
73- "Angénique, Marquise des Fanges" (O Temps! suspend ton kiwi)
74- Nuremberg

V - ONE TWO TWO A PAT PONG 145
1- Extasy cosmo-nucléique
2- Dans la chaleur des embruns quotidiens, mamie
3- Littérature inachevée
4- Pompé (à piston)
5- One Two Two à Pat Pong
6- Demeure conjugale
7- Migraine
8- Putain
9- Dr Coué au bar-tab
10- Encore un
11- Middle Jazz
12- Pleure pas
13- Transformation en porcs
14- I love you more and more
15- Si je t'aim(ais)
16- Car (Sandows)
17- P.A.
18- Zoozoo Circus
19- Abattage
20- Forceps (Maman-Ogino)
21- Chuparse los dedos
22- Logique
23- A Namur
24- Dernières lumières avant l'aube
25- Minable Orion
26- Paris s'en fout
27- Désert - Pôle Nord
28- Sérieux hein hein
29- James P. Crow - Anarconze
30- "*La vie en rose*"
31- "*Le feu*"
32- Hemorroïdes' come back

33- Voyage - Angie's trip
34- Otaries en Patagonie
35- Blue-Belle Girl
36- Pantoum à la gendarmerie
37- Csarda macabre
38- Lune saoule
39- Flash Bourbon
40- IIIème Exit avant la Sortie - Sans intérêt
41- Deuxième *Saison en Enfer* - L'effet Coolidge
42- Miss Erre A Sol
43- Paraître - L'orbe du vin frais (Clodo)
44- Sodome

VI - GLASNOST   175
1- Trilogie I : Pantalonnades
2- Trilogie II : Terrorisme
3- Trilogie III : Marseille beurette
4- Au revoir, Marseille
5- Claque-boue...
6- Au fond du trou ou "*Devine qui vient dîner ce soir*" 1994
7- Le Grand M
8- Banshee - 2ème arrivée du Tour, 18 juin 95
9- Bouse in France
10- Alineas
11- Bitte occulte
12- "*Des appareils élévateurs sont installés dans toutes les stations profondes*" (1943)
13- Maria Letizia Ramolino ou Généalogie d'Ajaccio
14- Raisons
15- *Le roi des Aulnes*
16- Quarante cinq et après?
17- Avocats marrons
18- De la Légion (Et de 2 ou 3 autres choses du même camail)
19- "*Legio Patria Nostram*"
20- Chasse aux sorcières
21- Saquiet-Sidi-Youssef
22- 1er mai 1995 - "Sur le pont larirette"
23- 14 Juillet Nouveau
24- Contre les Prosémites et les Nazis
25- Würstl
26- "*Aladdin Sane*"
27- Poulet Scories
28- Moderne Silène
29- FIS
30- Aux Enfants d'la Patrie - "*Bunker Palace Hotel*"
31- Moules-frites et vin blanc à la Côte des 2 Amants
32- Sport 68-96 (autodafé)
33- Malcom X
34- Caves sarcoptes
35- Lettre d'un démissionaire
36- Missionaires
37- Enfer et bottes à crampons
38- Débits et boissons non comprises - Un jour sans Eucharistie
39- Gottbegnadet Tag
40- Capitalism's new trip
41- "*Que je t'aime*"
42- L'Enfé - Glasnost
43- Scout always
44- Le Dict du Dyptique réuni
45- Zig-Puce IIIème millénaire
46- "Viajes Viajes"
47- Fauteuil - Ecran de surveillance
48- Bitterness
49- Solitude 2000

LES MALHEURS DES TEMPS

Je ne serai jamais Best-Seller à la FNAC

Il y a de cela peu de temps, à mon retour du Nicaragua, je consultais, pauvre Orion désoeuvré, le catalogue analytique de "*La Pléiade*" dans sa version la plus récente de 1999. Et, le hasard ayant voulu que j'aie lu *Le Maître et Marguerite* en espagnol au début de mon long exil de trois ans en terres étrangères, que l'ÿ uvre m'ait fortement marquée, je m'arrêtais (p. 21), curieux, sur la présentation de l'auteur, Boulgakov, faite par, je suppose, l'un des sbires de M. Gallimard. Je cite donc, dans le texte, en respectant la mise en page:

"BOULGAKOV
Médecin de l'armée blanche pendant la Guerre civile, Mikhaïl Boulgakov (1891-1940) fut condamné à écrire pour son tiroir. Isolé, muselé, invectivé (traité de "bourgeois" pour avoir pris la défense de Pouchkine...), il travailla à se construire posthume. Les conditions étaient réunies pour que naisse un mythe: peu à peu (vingt-six ans après sa mort dans le cas du "Maître et Marguerite"!) sortirent de l'ombre des ouvrages - récits,
romans, théâtre - *dont la somme constitue un acte de foi dans les plus hautes valeurs humaines. Son oeuvre est un chant né du silence."*

Je me souviens qu'après trois longues années d'absence (j'étais parti de Managua en mars 1993 pour n'y revenir qu'au début de juillet de l'année 1996), lorsque je revis pour la première fois mon excellente amie María Leonor Morales Alemán, à Granada du Nicaragua, où, durant la première semaine de mon retour, je résidais momentanément (bien qu'alors je ne le sache pas encore, pensant en faire peut-être, par nécessité, ma résidence définitive), celle-ci était venu me chercher pour m'inviter à me joindre à un groupe de jeunes français (où, pour le moins, tous étaient plus jeunes que moi), formé d'un coopérant tout frais émoulu de son inepte Agrégation de Bêtes, et pour l'heure attaché linguistique à San José, de son amie, ainsi que d'un autre couple, qu'elle s'apprêtait à emmener visiter les charmantes îles qui bordent la cité, immortalisées par les *Chants de Cifar* de Pablo Antonio Cuadra. Cela se passait, si je me souviens bien, le temps d'un week-end, pour eux en Mission Culturelle hors du Siège Central des Bureaux d'Action Linguistiques d'Amérique Centrale, sis à l'Ambassade de France du Costa Rica. Or le hasard voulu que, revenus au soir des petites îles de Granada, le jour suivant nous

déjeunâmes tous ensembles dans un de l'antique marché de cette ville. La l'amie de notre étonnant émule du prince lascives lassées de tout, qui, s'embêtant embêter aussi les autres, que cette acné de nos désirs, travaillait, ô merveille, hors du temps, pour une maison d'édition me rappeler le nom, si toutefois il demander. Elle cherchait, nous exposa-t- transcendantes conversations de table de Tropiques, à réaliser une compilation de restaurant de Masaya, à la porte conversation me fit découvrir que Mony Vibescu, de ces françaises dans leur vie, décident donc d'y moderne nymphe donc, cette sublime volupté en ce paradis parisienne dont j'avoue ne pas m'intéressa alors de le lui elle, dans le cours de ces in- nos compatriotes sous les nouvelles littéraires,

représentatives de chacun des cinq pays centraméricains. Je ne sais pas si elle eut plus de chance avec le Costa Rica, le Salvador, le Honduras ou le Guatemala, pays dont j'admettrai à ma grande peine que je connais de toute façon très mal leur littérature. Toujours est-il qu'étant à cette époque, comme aujourd'hui, désoccupé par les lois du sinistre Marché et de la Finance réunis, laide hydre du Commerce, je lui proposais de traduire le *Narcisse* de Coronel Urtecho, ce qui m'occuperait tout en étant utile à son projet. En vérité, j'aurais tout aussi bien pu lui proposer n'importe lequel des contes de *Azul...*, mais on est avant-gardiste ou on ne l'est pas. Bien sûr, à défaut, j'aurais encore pu lui parler de Gioconda Belli, Juan Aburto ou Sergio Ramírez. Bon, le fait est que, de toute façon, ça ne l'aurait pas intéressée. Car, cherchant à éviter de payer les droits de rachat d'édition et de traduction, elle finit par abandonner son idée initiale, me sembla-t-Il (ou alors je n'ai pas compris le sens du mot "représentatif"), et dans la

foulée, se décida pour demander à *La Milagros* Palma qu'elle lui écrive un texte (en français, bien sûr).

Bon sang, je me demande bien ce qu'ils peuvent savoir chez M. Gallimard de la solitude de l'écrivain, ou du "*chant né du silence*". Est-ce pour ça que, moi qui suis en vie, au contraire du Boulgakov, j'ai parfois l'impression que je devrais me couper une oreille ou me tirer une balle dans la nuque, pour attirer l'attention de mes contemporains? Je l'empaquetterais en cellophane rose, pour l'envoyer 5 rue Sébastien Bottin, dans le 7ème, à Paris. Avec accusé de réception.

Asinus asinum fricat.

———

I - A QUOI SERT UNE CHANSON
SI ELLE EST DESARMEE?

Parque Manso

*"In the beginning was the word...
closely followed by a drum
and some early version of a guitar."*

(Lou Reed, *Between Thought and Expression*,
"Introduction")

Il est doux sans doute entre l'ombre et la causeuse
Dans les profondes saisons silencieuses
Parler d'art et de littérature. Précieuse
L'est sans doute aussi la ridicule oiseuse
O verte damoiselle et sorbonneuse
Critique à vos heures pour un Monsieur Crevel
Légionnaire bourgeois docteur en biologie
Versicules des sciences faiseur, Bette:
Vous qui vous offrez protégée par la bougie
En lune blanche à tuer les Muses
Ridicule égérie so chaude femelle
Beau-séant pour qui toute la Philosophie
Dort en manuels fausse esthète doctoresse
O déesse Popote fille de l'ennui
Moquée par les laids messieurs des ministères
Les savants reproducteurs de résolutions
Mathématiciens sans mathématiques
Et la laide hydre du commerce Biroteau
Moi même j'ai abandonné de vous faire
Une ballade car vous me faites honte
Vous, de ma pauvre université parasite
Vermine sèche rate rongeuse de livres
Un jour avant d'en vomir je vous écrirai
Une ode comique ou bien une élégie

Et si ma chanson manque un peu de musique
Rajoutes y donc des fifres et un tambour
Et puis aussi les cuivres de ce bon vieux rock

————

Petits comptes à régler avec quelques Commémorables

La Sorbonne est encor debout
Après dix siècles de bons et loyaux services
Elle tient bon sur ses tréteaux de caryatides police
Malgré tous ceux qui la secouent
Paris rugit
La Sorbonne Nouvelle attend
La France blêmit
La Sorbonne Nouvelle prend son temps
Elle se gonfle et fait sa belle la Sainte Bourre
Du fond de ses amphithéâtres

Dieu est au fond de la cour
Se lavant les pieds dans son post-bac
Elle gavée de mots
Fait de beaux discours
Sur la morale générale et la théolo-fac
Les chars entrent sur la place
La misère gronde
Mais tout ça c'est hors de son monde
Cacochyme vieillarde
Sans trac
Sans honte
Elle joue l'épate
Au fond de ses cafés du commerce
Le monde va mal aujourd'hui

Mais optatique ingénue elle berie
Du fonds de sa bassine et ivre de vin
Dieu écoute ses graves mots
Qui résonnent tonnent et se dispersent
Entre ses longs murs carcéraux
Ses fenêtres opaques
Et ses peintures-vitraux
Elle se fait Eglise la vieille Bonnarde
Prêtresse universitaire
De la fac Pasqua et du gouvernement Chirac
Impudique jambière
Putain trop chère
Son enseignement est payant
Elle soigne ses escarres à l'huile de paraffine
La camarde estudiantine
La commémorable officine
Messieurs Rabelais est bien mort
Croyez m'en foi de major
Mais l'Université sous ses frusques et ses hardes
Est toujours sorbonnarde
Ses professeurs eux-mêmes commémorables
Vivent leur ministère
Sont d'ailleurs ministrables et légionnables
Et c'est seulement à la télévision penseurs-aptères
Qu'ils sont bien meilleurs qu'en chaire
Le soir à la fin de la dernière réception de la prochaine sauterie
Après le douzième coup-circulaire de minuit

————

Hommage à P & B
(de les avoir copiés ne les a pas rendus plus intelligents)

J'ai froid au Magistère
Et mal à ma cravate doctorale
Parait qu'je s'rai jugé par mes pairs
Rien qu'ça ça m'sape le moral

Comme un amiral
Qui ne voit plus terre
J'essaie de m'souvenir de leurs règles morales

Et de leurs lois d'diptères

Qu'on les jette à la mer
Qu'on les lance aux chacals

Qu'on les massacre mon frèr'

J'ai l'rhume professoral
Et la méningite universitaire
Qui n'veut pas penser plus qu'les p'tits pois oh ma mère

———

De quelques comptes à régler avec des cons du premier degré

"C'était un mec, y t'vendait de l'intelligence,
il avait pas un échantillon sur lui."
(Coluche)

Dans la masse des cons érudits
Masqués sous le fard de leur connaissance imbécile
Et de leur parfaite connerie
Comme disait Méphisto on leur a donné le mot pourquoi chercher l'idée

Dans la graisse des universitaires de génie
Qui assènent leurs "divins" leurs "exquis"
Et croient encor à la vertu de l'onomasiologie
Comme disait Méphisto là où il n'y a pas d'idée n'importe quel mot pourra suffire

Dans la masse de ces imbéciles
Qui s'gavent d'idées stupides
Sur l'art et ne connaissent pas le nom de Panofsky
De tous ceux-là qui bourrent et que dégueulent les universités

25

Dans la masse anodine et futile
De ceux qui confondent encor la critique et avoir quelque chose à dire
J'ai vu les yeux du démon de l'ennui
Urinant sur le point exact du centre du cÿ ur de l'ancolie

De la bêtise interplanétaire
Et connerie Universitaire

A propos d'un suicide (A c't'ami inconnu...)

Robert Klein
Si tratta di un suicido
Un soir ou peut-être le matin
Qui sait ce que l'on ne peut dire de soi

Quand la bêtise vole haut
Et que la vie sur la longueur vous déçoit
Passé la moitié de sa vie de peine en chagrin
Eternel apatride et en plus malin

Robert Klein
Que ne sert d'avoir trop de défauts
A un seul homme à la fois

Di 49 anni, via dei Neri 18
Si tratta di un suicido
Robert Klein 22 Avril 1967 et pour l'éternité perdu ici ou là comm' un pauv'poulbot

Aux Enfants du Sacrifice - Isaac

Puisqu'il n'est pas permis en ce libre pays
Qui pourtant fut la France et prétend encor l'être,
De parler librement d'un homme libre et maître
De soi, d'un citoyen d'un artiste, - obéis,

Alors au hideux monstre analphabète, spahi
Qui pourtant de ses rétrocessions te fit rêtre

Et de ta bouche cousue malgré toi fit naître
Pour trois doigts de raki des champs de morts ébahis

Puisqu'il n'a pas survécu cet honneur failli
Et que d'ailleurs quelle survie pourrait donc être
A celle qui reste France, mais Paraître,
Quand Patrie rime avec Mort dis-lui bien qu'envahie

Sa charogne peut bien gésir en Attique
Dans les Cyclades antiques ou en Afrique,
Que nous importe la foi si même il en faut

(En ce siècle peu critique il n'est d'athée
Qui ne veut vraiment se convertir à Yahvé),
Puisque pour elle on meurt aussi, comme des veaux.

———

Nyctalope

Les volets fermés
Nyctalope
La lumière allumée
Nyctalope
Personne pour me regarder
Nyctalope

Une page pour écrire
Nyctalope
Un stylo pour la noircir
Nyctalope
Et mon cÿ ur au travail qui ne veut plus souffrir
Nyctalope

L'envie en train de me fuir
Nyctalope
Et dans le son assourdi et lointain des truelles et des varlopes
Nyctalope
Le monde est en train de se construire
Nyctalope

A l'heure indécise où le soleil se lève sur les toits jaunis
Nyctalope
J'essaie encore de trouver le sommeil
Nyctalope
Mais le bruit du sang dans mes veines m'envahit
Nyctalope

Et malgré la ville qui s'éveille
Nyctalope
Je vais encore une fois me cacher pour ne plus entendre ma vie
Nyctalope
Et m'endormir dans le chaud cocon de l'obscurité qui m'enveloppe

———

Système éditorial

> *"Un bon livre, c'est un bon maquereau d'éditeur,*
> *un bon trottoir de libraire, et une bonne pute d'écrivain."*
> Marcel Proust

- Editeur, y es-tu?

Mais qui reconnaîtra Duras quand le nom n'y est plus?
Qui éditera Maurras si les nazis n'y sont plus
A moi Euterpe, à moi Terpsichore
Mais qui donc m'éditera si je ne suis *ès Honoris Doctor*?

- Avec ma cassette!

Mais qui donc a dit qu'il fallait savoir lire pour être éditeur
Qui donc arrêterait d'éditer Shakespeare quand tous les écoliers le mouillent de leur quatre-heures
A moi Thalie, Melpomène
Mais qui donc m'éditera si je ne suis pas à moi tout seul une Science Humaine?

- Editeur, que fais-tu?

Mais qui reconnaîtra Duras si le nom n'y est plus
A moi Erato, Polymnie
Clio, Uranie

- Je la mets dans mes chaussettes!

Mais qui donc m'éditera quand je "*quotidie morior*"
Rutebeuf serait-il un *pet au vilain* sans Gallimard, à moi, Calliope
"*Editeur, d'où vient que je ne sais comment te nommer?*" Salope!

- A la queue l'Editeur, le pétengueule!

———

Panse-Machine ou Edition dans le domaine public

Je ne suis pas Carollo-massérien
Et je ne t'ai pas vendu d'armes
Je ne suis pas Carollo-massérien
Et j'ai préféré *l'honneur de la réforme/ à celui de l'uniforme*

Je ne suis pas Carollo-massérien
Et je ne suis pas dans les papiers de M. Gallimard
Je ne suis pas Carollo-massérien

Alors forcément je suis un nullard

Je ne suis pas Carollo-massérien
Et ce que j'écris c'est de la merde
Mal rimé et sans queue ni forme
Puisque je ne suis pas Carollo-massérien

———

Réception des Lettres et des Arts chez M. Gallimard
vs
décadence dans ma chambre
(Nouvelles "*Variations autour du complexe d'Icare*")

Amphitryon-Mithridate
Sacré histrion
Qui attend et prend date
Qui attend que la critique te flatte

Et comme un morpion
Sur le bord de ton lit un revolver sur le front
Tu patientes sans plus aucun signe de rébellion
Que les filles aux dents blanches te sifflent avant

Que la Mort complètement
T'endoctrine
Et dire que tu t'échines
Derrière tes binocles sur ta machine

Pauvre con tu m'épates
Les ailes rognées
Tu ne peux plus t'envoler
Sans un Apollon ni même un Mercure pour te guider

———

Descente aux Limbes

Je hais cette notoriété tardive
Au goût amer des vitrines de la gloire
Et des victoires qui à se faner toujours sont hâtives
Je dépose ce soir
Cette ultime publication sur ta tombe
O mon père toi qui est mort sans savoir
Que je valais la peine que l'on me lise
A présent souffle cette automnal bise
Et le vent gronde dans les hautes frondes
Je repense à ces longues soirées avec mon père
A parler du temps passé sans doute et de naguère
Nous remémorant le coup des Quatre Cents
Et l'affaire Fualdès
Dreyfus qu'on ressortait de sa tombe
Avec les mercenaires du Tonkin
Et l'âme perdue de Geneviève
La table desservie

Et ma mère couchée parfois
Nous dilations la nuit entière
L'esprit demi-saoul mais le verre plein encor
D'un de ces petits vins d'Anjou ou d'Arbois
Que nous offraient les plats coteaux et rouges au feu de nos corps
O triste vie
Misérable misère
Pauvre ou riche que m'importe aujourd'hui
Puisque pour lui
Jamais plus maintenant
Je ne pourrais l'extirper de l'antre d'Hadès

l'Église et Portals de Sorbonne

———

Sans bras

Hâfiz pleure sur son amour défunt
Et sous les oliviers sans fleur
Il appelle la Mort à son cercueil
Où plus tranquille que l'onde ce soir
Il repose et s'éteint
Sans royaume sans gloire ni serviteur
Sa poésie s'amuse de son tendre deuil
Déjà l'ombre de son caveau vient lécher ses os noirs

Moi j'irai pleurer avec Hâfiz mon amour défunt
Et sous les oliviers en fleurs
J'appellerai la Mort à mon cercueil
Où plus tranquille que l'onde du soir
Je reposerai en mes bras plus personne à étreindre ni plus rien
Sans royaume sans gloire ni serviteur

Ma poésie m'amusera pour qu'en mon tendre deuil
J'oublie l'ombre de mon caveau qui déjà viendra lécher mes os noirs

———

"A quoi sert une chanson..."

J'astique mes chromes
J'fais reluire mes systoles
Je ramasse mes chromosomes
J'atteins l'extrême gaule
J'envoie deux girls dans les pommes
J'décroche mon colt
J'arme mes mômes
J'sors ma guitare *rock'n'roll*
J'fais beugler un CD des Stones
J'décolle de mes grolles
J'avale mon chewing-gum
J'en fais des tonnes
J'dégaine l'mégaphon'
Et j'm'strip-tease pour un peu d'sang et trois pistol'
A quoi ça sert une chanson si elle est désarmée?

———

Rien qu'1 heure de +

Laissez-moi une heure de plus
Pour cramer le Coran
Brûler les Evangiles
Et détruire la Thora

Dans les familles Jésus Mahomet et Buddha
Il me manque le père
Laissez-moi en vie rien qu'une heure de plus
Pour gommer les rois les empereurs et les tyrans

Pour scarifier nos républiques népotiques et débiles
Et nos ministres scélérats
Dans les familles Périclès Cakravartin De Gaulle et Pétain
Mao Hitler Mussolini Eisenhower Hoover Staline Pinochet Franco

Et Raspoutine il me manque Jaurès-Lumumba
Faut dire que nos tenants du bon droit sont miros
Et leurs Eglises-putains
Confectionnent leurs bannières et décomptent leurs impôts

———

"*Le pet au vilain*" - 14 Juillet Cons mémorables

> "*Ce di je por la gent vilaine*
> *C'onques n'amenent clerc ne prestre;*
> *Si ne cuit pas que Diex lor preste*
> *En paradis ne leu ne place…/…*
> *Qu'en enfer ne en paradis*
> *Ne puet vilains entrer sans doute :*
> *Oï avez la raison toute.*
> *Rustebués ne set entremetre*
> *Ou l'en puisse ame a vilain metre,*
> *Qu'ele a failli a ces deus raignes :*
> *…/… C'est en la terre de Cocuse*
> *Ou Audegier chie en s'aumuce.*"
> Rutebeuf, "*Le pet au vilain*"

Montaigne à la casse
Et Voltaire au rebus
Mais où sont donc les neiges d'antan

Les politiciens se prélassent
Sur le lit cramoisi des suppôts de Jésus
Pendant que s'entassent
Le *dinero* dans les caisses de l'Etat repus

Est-ce bien la République qui embrasse
Le népotisme des despotes déchus
Ou sont-ce les princes de la Démocratie qui passent
A cheval devant le peuple affamé et chenu

Si Rousseau l'on s'en passe
Sartre serait bien le malvenu
Mais où donc sont-elles passées, toutes ces neiges d'antan?

———

Impudeur

Fumez vos clopes
Sur ma tombe
La famille du vieux chanteur
Devant vos armées de moines et de fans

Avec la télé en stéréo pour faire un scoop
Avec les journaleux pendant que je succombe
Et puis il y a celui-là le nouveau à la mode à la télé toutes les heures
Qui sur trois accords cradingues de guitare océane

Vient nous faire suer à nous causer d'une meuf en cloque
Et p'is la starlette avec son cul de bombe
Qu'éclate sur l'écran et p'is tous les autres vendeurs
Directs de sueur de peur d'amour de sexe d'agonie de mort et d'aristos crânes

Et puis aussi il y a l'impudicité
De ceux qui ne savent pas quoi penser
Quand de putrides et repus chasseurs
Quand d'inutiles et vains aficionadeurs

Quand des ventres vides et qui meurent
Dans la guerre ou autre chose
Pour remplir les 1901 assoc's à fric télé-sponsorisées
Et nos 1001 ministères de la terreur

———

Aux voltigeurs de Malédictions

On m'dit qu'j'rime à rien
On m'dit qu'j'rime à n'importe quoi
Je m'demande bien pourquoi
Ca m'dit rien ça m'dit rien qui vaille non ça m'dit rien

On m'dit qu'j'rime mal
Et p'is qu'j'rime comme un pied
Mais un pied à l'envers c'est un ver bandé
Mais un pied à l'envers c'est OEdipe qui s'est fait mal

A tous les maquisards du style
A tous les Lagarde et Michard
Aux pourfendeurs de phrases mal dites

A tous les censeurs du ver malhabile
Aux lémures des Littré bavards
Aux beaux parleurs qu'sont tous fils putatifs de Rimbaud un soir de cuite

———

Régression 2

L'écriture n'est que le dernier palimpseste d'un dessin qui aurait mal tourné.
J'écris comme on parle.
J'écris comme on fredonne.
J'écris comme on chante.
J'écris comme on crie.
J'écris comme on hurle.
J'écris comme un fou.
J'écris comme on s'agite.
J'écris comme on gesticule.
J'écris comme on gribouille.
J'écris comme un paradoxe. Sans idées préconçues. J'écris pour noircir du papier, des feuilles, des monceaux de feuilles, j'écris pour vider, comme je mange, pour me remplir.
J'écris sans idée.
L'écriture n'est rien.
L'écriture est le Grand Vide, le vide dialectique de la Raison, privée de son sens, c'est un signifié en creux, comme l'Enfer serait le Paradis en creux.
L'écriture est un art bâtard.
Art inepte, art des peintres analphabètes, de l'humanité sans pictogramme, c'est-à-dire *sans représentation*.
L'écriture n'est rien.
Je vis, je meurs.
J'écris comme en régression, pour réprimer toute pensée, *pour réprimer ma pensée*.
J'écris pour ne PLUS PENSER.
L'écriture est la vie sans la vie.
C'est la mort sans y réfléchir.
Moyen infantile de se raconter de petites histoires, pour se cacher l'essentiel, comme les gosses dans le noir.
L'écriture est la caverne de Platon.
L'écriture est un art *de la DIACHRONIE*.
Le critique est un artiste sans sexe.
J'écris comme on crie.
J'écris comme on balbutie.
J'écrie pour balbutier. Je veux redevenir un bébé.
Mes pinceaux sans idée, et mes mains sans ressort, j'écris pour ne plus penser.
J'écris pour régresser. Pour réprimer toute forme aboutie de pensée.

Décidément, oui, *j'écrie pour ne plus penser.*

Tout

On peut tout dire
En trois *verres* et dix secondes

———

Contre la faim dans le monde, etc...

Lexicon
De nos funestes déceptions
Musagnoeomachie collective
Et individualisme de groupe

Lexicon
De nos sinistres aperceptions
Et visions votives
De combats sanglants et cuisses dures de la dictature sur nos croupes

Lexicon
Des psychomachies pour des religions
Et de volontés passives

Visions
De bonne conscience collective
Et de chansons de groupes

———

Tradition (Râpes armées de fusils)

Votre lac est barré M. de Lamartine
Et votre loup a crevé pour servir de zibeline
Mais il est vrai que vous chassiez déjà...
Votre truite est meunière

M. Schubert
Et votre lac est à sec M. de Lamartine
Je l'écoute et n'entends que les canadairs qui le vident
Et dans vos sous-bois s'affalent des Vénus de bazar

Telles d'odalisques danaïdes
Attendant qu'au hasard
Un canotier les baise vos Alpes sont funécularisées M. Offenbach
Entre les tires-culs les skis-sticks et les treuils

Plus de perdrix les ours sont morts et la neige est en deuil
Mais les cons tinuent l'attaque et triquent et traquent
Cependant il est vrai que vous chassiez déjà...

———

Avis

La police aujourd'hui Bonnes Gens cherche le Poète
Dans les rues de Paris où inlassablement il se cache et s'embête
Peut-être mourrais-je demain se dit-il
Peut-être la Mort est plus facile
La Souffrance et la Douleur s'offrent à lui

Du fond de son misérable garnis
Il ne fait pas bon pour les Troubadours
Parler du Clergé et de la Cour
Critiquer l'Eglise
Et le Palais de Justice
Médire de la Chambre des Comptes et du Parlement
De la Chambre des Ministres et du Gouvernement
Parler des Notaires et des Vicaires
Des Militaires et de la Guerre
Honnir Avocats charlatans et Soldats
Marchands et Bourgeois
Cour de Loi

Ou Cour du Roi

———

Chagrin

Fallait-il puisque chacun de nous autres
Poètes à deux sous y sacrifie qu'alors
Je l'écrivisse ma chanson de la dèche

Fallait-il que j'en commisse de ces fautes
Pour qu'aujourd'hui je manque tellement d'or
Pour qu'aujourd'hui je n'ai même pas lèche

Et pour que pauvre parmi les pauvres sans le sou
Avec pour seul plaisir d'acheteur la lèche
Je contente trop souvent mon pauvre ventre

A midi et le soir aussi je l'avoue
De deux verres d'eau et d'un bol de Canigou
Alors je me saoule en attendant mon essor

De cette chambre minable aux murs caillou
Et à écouter les récits improbables
De ceux qui auraient eu de la chance d'un coup

Je meurs à petit feu entre un bout de râble
Et l'immobile miroir des jours sans fin
Dont le glas sans cesse sonne entre mes mains

Avide d'action mais bien trop lâche
Pour me tuer d'un bon vieux coup de grisou
J'attends au fond de mon vieil antre

L'annonce un jour de la mort d'un dernier parent

La venue des huissiers pour tout solde
Le cÿ ur en polochon et la main sur un colt

A écouter de vieux disques à lire
De sombres histoires qui feraient rire
N'importe qui et qui pourtant me touchent encor

Alors trop vieux dans un monde trop vieux
Sans RMI sans boulot j'attends la grève
Générale des transports des fonctionnaires

Pour descendre à mon tour dans la rue avec eux
Jusqu'à l'Elysée d'une policière
Bavure répandre mon sang dans d'autres vers

———

Glory, Olé!

J'inventerai mes oeuvres
Au passé composé de l'imparfait
Je vous conterai mes promenades
Au bois le dimanche après-midi
Et une fois accompli ce travail de petite main
Je viendrai me poser bien en face de vous
Mon quelconque prochain
Pour que nous trinquions
Et je vous dirai peut-être:
A ma santé, Misère;
A moins bien sûr que d'ici là
Devenu artiste Sony Music ou nrf
Pour mes anodines proses poétiques
L'on ne me vende aux supermarchés
De la gloire

———

Soufre(s)

Les hirondelles volent bas
Il va pleuvoir
Le chat se lèche derrière l'oreille
Il va pleuvoir

J'écris dans la fièvre et la douleur
J'écris comme on souffre

———

Carte d'outre-mer au lecteur

C'est une nuit de tempête
J'écris ces quelques mots
Pour toi qui ne me demande pas de nouvelles oh

BRISONS
LES VIEUX ENGRENAGES

Et moi qui m'embête
Je sais bientôt deux ans sans un mot
Ca prend du temps d'aller sur la comète
J'ai vu des feux d'orangs-outangs et des jungles vertes rameaux
Mais bateau ivre je me suis lassé c'est bête
Et mes pas sont bots
A présent seul le vin comble mes fêtes
Adieu je reviendrai sans un mot

Je sais que de moi tu ne veux rien connaître
Et comme toi je ne crois pas que les vieux amants
Aient du charme le dimanche dans les parcs municipaux
Pourquoi t'écrire parce que j'aime l'absence
A dormir tu t'apprêtes
Je vais donner du pain aux oiseaux
Et je ne veux pas que tu me répondes
Ne dis pas que tu le regrettes
Ce serait un monde

———

Ménestrel

J'ai la chanson facile
Et le verbe léger
J'aurais bien voulu être une Fashion Victim
Des filles à mes guenilles
Et des verres pour chanter
J'aurais bien voulu être une Fashion Victim
A mes polkas à mes branles
J'aurais accroché des guirlandes
A mes cheveux des serpentins

Et mon pipeau aurait joué aux gandins
J'aurais bien voulu être une Fashion Victim
Et quand la gloire serait passée
J'aurais vendu ma charité
En multiples volumes
A la télé sur Canal Plus

J'aurais bien voulu être une Fashion Victim
Point de tristesse ce soir
Mes vers de prostituée de voyou de malandrin
Ne vous parleront point
Mais pour quelques fifrelins
Je serais votre Lou Reed ménestrel de l'espoir
Moi le petit-fils de bourgeois mercantiles
Je me serais acoquiné
De folies j'aurais chanté M. Perret mes aventures avec la Corinne
J'aurais bien voulu être une Fashion Victim
Je serais ton jumeau mort comme disent les psychanalystes
Je viendrais traîner ma chaude pisse
Sur vos tréteaux de faux figuier
Aux portes de vos Intervilles
Montrer mon âme et mon mandrin
A gentes demoiselles et beaux damoiseaux
Mourir un peu dans mes mots
M'ouvrir par jeu et par peur de me vider
J'aurais bien voulu être une Fashion Victim
Avoir les filles à mes genoux
Et mes poches pleines de sous
Dont vous m'auriez fait l'aumône
Car mon verbe facile et ma chanson légère
Rempliraient mes poches avant que me les volent
Vos tout nouveaux prud'hommes
J'aurais bien voulu être une Fashion Victim

———

Jadis, Demain...

Hier soir encor j'étais jeune et plein de révolte
Un jeune loup aux crocs acérés et de diamants
Mais ce soir oh ce soir ma chandelle et ma chanson sont mortes
Et il fait noir ma mémoire se mêle au cri des goélands

Hier encor je chantais sur les barricades qu'on remonte
Et où l'on meurt mais aujourd'hui que me sourit le doux Destin
Tranquilles chiennes ma rancune oubliée et ma libido molle
Dorment enroulées aux pieds du fastueux firmament

O Fortune tu vois il faut bien que tout se solde
Et ma jeunesse meure embourgeoisée entourée de galants
De galants auxquels s'offrent les somptueux coffres
De ma riche vieillesse où Gloire et Luxe restent mes seuls amants

Alors ce soir ma plume est sèche sous d'ivres ombrelles
Plus le temps de pleurer plus le cÿ ur d'écrire ces sombres romans
Ma tranquille Muse repose sous les fruits qu'elle récolte
De l'âge qui nous calme et du Vieillard Temps

———

Bienvenue chez nous

Quand j'aurais du succès
Quand je serais un chanteur adulé
Qu'on me mettra à toutes les sauces
J'irais tous les soirs à la télé
Donner mon avis sur toute chose
J'irai chez Sinclair pour causer
Je chanterai pour les pauvres
Je ferai ma charité
Avec tous les chanteurs à la mode
J'abandonnerai tous mes droits sur "La Chanson des Paumés"
Que bien sûr je mettrai pour mes fans sur mon dernier best off
Et sans cesse je m'offusquerai
Moi chanteur-phare du gouvernement de gauche
Entouré de mes gardes du corps
Du malheur des autres
Avant d'aller
Evidemment comme chaque soir dîner
A l'Elysée
Avant d'aller
Evidemment comme chaque soir dîner
A l'Elysée

———

Hymne à la Renommée bienvenue

Trois heures du dédale
Mon âme se serre
Et du bout de mes mains moites
Dansent au-delà de l'horizon
Tous les monstres de mes hantises

Le jour où j'aurai des *Hommages*
Où on ne parlera que de Moi
Où à mon repas aujourd'hui trop seul et solitaire
Je n'aurai plus que ceux qui ont quelque chose
A attendre de Moi
Quand je serai directeur de collections
I'll come back from you to me

Quand je n'aimerai plus la jeunesse
Pour ses angoisses sincères
Quand je penserai que Deweare
Avait raison qu'un coup de poing vaut mieux qu'un long prêche
Quand j'irai jouer au petit soldat
Quand je serai le énième néo-communiste sécessionnaire

Quand toutes mes maîtresses
Seront plus jeunes que moi
Quand je me serai laissé envoûter par les hélicons de la victoire prolétaire
Quand je ne fréquenterai plus que les princesses
Quand je serai de toutes les réceptions quand j'aurai mes entrées dans tous les ministères
Quand pour un HLM bidon j'aurai vendu mon âme à la baisse
I'll come back from you to me

J'irai au Bÿ uf Péteur
Danser la java sous des jambons de femmes
Et m'enivrer de leur vin doux
Un jour quand mon cÿ ur n'aura plus peur
Et que les monstres de mon placard où je les enferme
Ne me diront plus des mots doux

I'll come back from you to me
Quand j'irai bouffer la haut ma petite sÿ ur
A la grande Bouffe du Très Calme
Avec Madame la Camarade et tous les salauds

Les voyous manutentionnaires chez Gégé la Came
Et tous les légionnés à chanter My Pater is born
Avec tous ceux que de mon vivant déjà je pouvais pas saquer bouh

I'll come back from you to me
Alors en attendant la prochaine guerre
Le suivant banlieusard
Qui voudrait me chourrer ma mob
Ma vie mon pèze ou ma meuf
En attendant le prochain maquisard
Ce soir mon amour encor plus qu'hier

Mon amour ma came ma Michelob
Ma vie mon Ephèse ma Vénus aux fesses molles
J'éjacule encor une fois par hasard
Sur le souvenir incertain de nos étreintes d'amour ou de fer
I'll come back from you to me

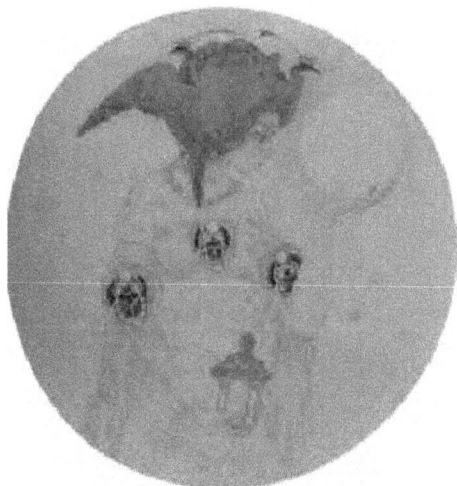

———

II - J'IMAGINE FORTUNE
DERRIERE SA ROUE A LA TELEVISION

Le panthéon moderne

Mal armé de mes douces folies
Jeune et beau de l'air de mes 20 ans imbu
A 2 doigts du désespoir un beau
Communard sur le tard et son frac

Cherchant en vain vers l'aine
Ce divin nectar déchu mais qui coule
Point prude homme ni coquin non plus
OEil plus que bouche
Chantre plus que vin
J'éclabousse l'Autre et à mon
Sourd reniement ma solitude étouffe
Verte grise sans note
Nue gothe
Sauvage et domptée
Sans vie au rivage échouée
Voilà l'hymne perdu
Gaga verni
Ma goutte

Et mol hier
De page contrit
Sans Fame
By Rom
Ni les yeux qu'on ferme ne voient encor
Il faut être riche pour être poète
La laide hydre du Commerce
Resplendissante de guirlandes électriques
Noël païen
Dans le temple
No sé... Supongo que el cuerpo es la prolongación lastimosa de un ejercicio de conciencia
Hubris/Ate.Varia.

———

L'enfance d'Ivan Illich ou Le Silence des Juges

Quand je serai grand Maman
Je veux être Juge
D'Instruction
Ou Policier
Militaire
Commissaire
Ou sergent
Ou même simple Maton
Pour pouvoir mettre en prison
Tous ceux qui ne me plaisent pas

Sous ma toge
Je serai tout nu
Juste vêtu
D'un paire de bottes de cuir

Un cache-sexe en latex

Les seins percés
Et sur le Saint-Siège
Avec un Gode
-Michet-Micheline
Je serai la Bête Humaine
Maman

Peut-être qu'un jour
J'écrirai mes mémoires
Je passerai à la TV
Je me lancerai en politique
Je serai fameux
On fera un film sur moi
Et mes cas les plus célèbres
Contre les Magnats du dollar

Alors adieu Perry Mason

———

Lasagnes Party

Maman quand je serai grand
Je voudrais faire démagogue
Je ferai Hitler ou Staline ou Pétain ou De Gaulle
Et je vendrai de la soupe
A ceux qui ne peuvent pas se la payer

Maman quand je serai grand
Je voudrais faire prophète
Je me ferai appeler Moon ou Bouddha ou Jésus ou bien encore peut-être Mahomet
Et j'écrirai des psaumes et des actes
Pour ceux qui ne savent pas lire

Maman quand je serai grand
Si je ne peux pas faire démagogue
Si je ne peux pas faire prophète
Je voudrais faire Robert Hossein
Pour gagner plein de pognon en racontant la vie et la mort tragique des autres

———

Manque de respect

Quand m'auront cassé la gueule
Un quelconque Lavilliers un quelconque Bécaud
Quand m'auront marché dessus
Un quelconque Cizia Zykë
Et ridiculisé pour trop gros ou pas beau
Un quelconque Souchon dans une de ses
Chansons pour enfants
Un quelconque Nagui un quelconque Karl Zéro
Quand m'auront envoyé leurs flics
Pour me tabasser

Un quelconque Pasqua un quelconque Charasse
Ou mis aux fesses le fisc
Ou refait le coup de Doucet
Ou de Bérégovoix
Quand m'auront crevé les yeux
Un voyou de banlieue
Ou un flic du FN
Alors peut-être que l'UNESCO
Viendra me recenser

Pour ajouter mon nom à sa liste
Sur ses grands livres du Droit International

Quand je vivrai sous les ponts
Fauché et affamé
Depuis de nombreuses années
A la bise exposé
Avec mon doctorat et mes publications en poche
Et que je n'aurai plus un sou
Même pour payer un timbre
Et renvoyer son avis de chômage mensuel
Alors peut-être que l'ANPE
Me donnera un rendez-vous
D'aide psychologique ou quelque chose comme ça
Dans ma tombe
Mais comme je n'aurai pas de quoi casquer
Pour mon enterrement et que depuis longtemps
Mes parents auront crevé criblés de dettes
Et puis aussi comme les curés ne célèbrent pas
De messe des morts
Gratis
On m'enterrera dans la fosse commune
Ou on donnera mes restes à bouffer aux chiens errants
Ou aux petits enfants de la rue
Qui n'ont pas de quoi manger

Hobbes' Lupus

J'ai dix ans
Dans un monde parfait de plastique
J'ai des pistolets de caoutchouc
Qui font du bruit quand on joue
Je suis le pire ennemi de Roboflic
Avec mon laser extragalactique
Je presse sur le déclic

De mon arme automatique
Je n'aime pas jouer les méchants
Peu importe derrière nos masques de caoutchouc
Aux regards obliques
Sur les mains
Les deux avons du sang
Je ne crois pas que la société m'ait perverti
Je sais que la genèse de mon humanité est violence
Alors je me divertis
Pendant que dans leurs guerres
Et leurs Canards Sanglants les grands
Les Grands cherchent d'autres transes
Parfois moi je pense que les loups sont mes pères
Parfois moi je pense que les loups sont mes pères

———

Tics-Infos de Minuit

Ce soir j'ai vu des milliers de fanatiques

Sur des strapontins écoutant quelques imbéciles
Enumérer de vains programmes de lendemain
Au son lancinant et pervers d'une Marseillaise

Ils parlaient d'ardeur pour parler de fric
De solidarité
Pour sponsoriser
Leurs villas immenses comme des villes

Ils parlaient de propreté pour dire de tuer les chiens
D'amour pour parler de baise
Ils disaient je vous ai compris pour je vous nique

J'ai vu des hommes politiques
Sponsorisés par de quelconques clarogencils
Et leurs fesses de putains offertes en pâture aux vilains
Ils chantaient l'avenir pour encaisser du pèze

Ils parlaient de démographie d'envahisseurs
De grandeur
Et de patrie pour inciter la trique

Ils vomissaient d'égalité pour nous rendre serviles
Ils parlaient de tout pour ne parler de rien
D'ésotérisme pour être esthétiques
Et vendaient du rêve en sachet plastique

Pour tous les paumés les tarlouzes les ringards les idiots versatiles
Et les autres sous leurs remparts de certitudes et *nihil*
Allumés par la soif du gain
Encore une fois ils nous suçaient la fraise

———

Pubs sur le Divan de ton absence

J'ai écrasé une mouche qui marchait sur le parquet de ma chambre
Et maintenant je me sens bien dans le silence qui bourdonnÿcomme une guêpe
Je r'nifle sur le gazon tapissé de la moquette
Le dernier relent de ton parfum d'ambre
Entêtant et bavard comm' un soir de schweppes

Et je regarde fleurir sur le drap de mon lit l'ombre de ton corps
Et j'écoute l'ombre de ton pas qui mont' l'escalier comm' hier encor
Entre tes doigts abstraits j'm'évanouis comm' un'bull' d'pepsi-cola
Et j'lâche la standardiste qui m'demand' le n° d'mon appel
En PCV pour l'cim'tière d'tes émois

Et aujourd'hui que je trépasse sans toi
Je garde dans l'oreille le bruit de ton cþ ur qui trébuche qui s'empêtre et hep'
Et je regard' ma veste comm' de Maistre les clés su' la bedain' d'son geôlier
J'ouvre la porte du frigo dont la lueur m'aveugle comme un film de Spielberg

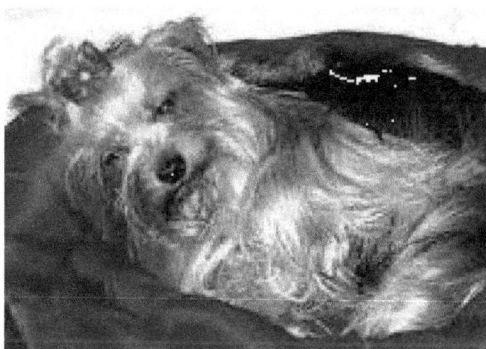

Mais les extra-terrestr' n'ont pas encor envahi ma dernière canett' d'Carlsberg
Et j'dépiote les derniers rayons d'mon cþ ur su' un rest' d'Lecester
Dans la gamell'
Bleue d'mon pet

———

"Il n'y a que la Suisse qu'on n'a pas pu sauver"

Un poivrot qui dégobille su' l'pavé et m'd'mande 10 sacs
Est-ce que j'suis pas sociopathe?
Une vieill' grognasse qui s'r'peigne et m'd'mande 20 sacs
Est-ce que j'suis pas sociopathe?

Un' gouine sans culott' qui veut mêm' pas si j'raqu'
Est-ce que j'suis pas sociopathe?
Un loulou à écailles qui veut mes santiags
Est-ce que j'suis pas sociopathe?

Un d'la maison borgniole à l'air un peu marlou qui m'taxe
Est-ce que j'suis pas sociopathe?
        Un élu qui s'affiche et slogante comme il blague

Est-ce que j'suis pas sociopathe?

Un curé névrotiqu' comm' un junk et à pein' relax'
Qui veut m'convertir au bonheur des homm' à coups d'latt',...

————

Bistros

Au bistro du coin on discute des émissions d'la vieille à la télé
Et y'a l'pèr' Machin qui veut faire sa charité
Pour la France ou l'étranger
Y'a vraiment qu'la Suisse qu'on aura pas pu sauver

Au bistroquet des dames-jeannes y'a pas qu'du rhum à volonté
Et y'a aussi l'pèr' Machin qui veut nous fair' voter
Pour les impôts ou la solidarité
Y'a vraiment qu'la Suisse qu'on aura pas pu sauver

Au bistro des fins d'soirées à bon marché
Y'a l'pèr' Machin à la radio qu'a écouté
Qu'y fallait des subventions au PSG

Ou b'en alors qu'c'était pour les curés
Enfin un truc à crampons avec des rangers p'is des autodafés
Y'a vraiment qu'la Suisse qu'on aura pas pu sauver

————

Galères

O misère ô Lycurgue ô géants
Le shérif du monde sort du topless-bar
Une Pale-ale à la main et un lance-flammes à la ceinture
Accroché à sa cuisse comme l'auréole aux oreilles d'un saint

Et pendant que Princess Daisy danse pour un public d'Atlantes aux mains tendues et buvant
Dans le silence des galaxies leurs yeux de chats-huants s'accrochent à ses nibards
Dehors la poussière soulève sa bure
Sous les pieds endormis des héros malsains

O misère ô Lycurgue ô géants
Maintenant sur la petite ville sans plus aucun clébard
Le shérif a son colt qui le triture

En attendant qu'un indien se présente y's'nique les dents au carambar
Ses doigts jouent sur le manche de son lance-flammes-Excalibur
Il se souvient d'Ho-Chi-Min et du Viet-Kong dans le miroitement des tessins

———

Souffles sans songe (Nuits SS) - "*Don't stop the dance*"

Appeler Personne
Et entendre décrocher
Ne rien dire mais juste pour entendre une autre vie au bout du fil
Pour dire "Salut!" au bout de la Nuit

Appeler une Inconnue dans la déprime
Qui sait ou peut-être un homme
Pour que le temps défile
Jusqu'au bout de l'ennui

Jusqu'après le bout de l'ennui qui sonne et résonne
Dans mon crâne comme un téléphone
Décroché

Dans la solitude des hommes
Et sur le tranchant du fil
Raccroché comme sur une cime - Un cri me...

———

Don't stop, again!

Ce petit air qui résonne dans ma tête
Quand je m'embête
Et me rappelle qu'au-delà de ce foutu lit
Il y a le monde qui vit et qui rit

Ce foutu petit air de fête
Qui m'embête et s'entête

Dans ma tête comme une litanie
A deux sous pour qu'on pleure ou qu'on rit

C'est comme un air de défaite
Qu'on prend malgré soi comme alibi
Pour se faire sauter la tête

Les soirs où l'on s'ennuie
Cette petite chanson guillerette
Qui m'assassine comme un cri dans mes oreilles au fond de mon lit

———

Frissons

Insomnanbulique
Paris me fait la cour
Du pied de Versailles Rive Droite
Insomnanbuliaque

Paris s'apprête c'est le grand soir
Pour finir la nuit dans les bouches d'égout
Insomnanbuleux
A traîner ses envies comme les rats leur fromage

Insomnanbulieux
Version longue de *Paris, Texas*
Sur le macadam de la grande capitale

Aux néons borgnes et nigtheux comme le cul du Diable
A laisser planer nos illusions sur les quais déserts vides mornes et poubelles
D'insomnianbules

———

Egalité des sexes

J'arriverais les bigoudis sur la tronche
Comme dans un mauvais film français
Et y' aurait Mimine qui rentrerait du turbin
Elle s'affal'rait d'vant l'écran d'télé les pantoufl' sous la table

J'viendrais just'd'm'lever vu qu'les vitrin' sont fermées l'lundi comm' l'dimanche
Elle m'demand'rait en r'gardant l'foot c'que j'a préparé pour l'dîner
Et moi j'gueul'rais parc'qu'avec tout c'boulot j'aurais pas eu l'temps prendr'mon bain
Alors ell' m'trait'rait d'incapabl'

Et puis pour nous réconcilier et s'consoler d'sa journée d'chien
Ell' viendrait m'tripoter les fess' et les mich'
Mais moi j'aurais la migrain' et j'voudrais aller m'coucher

J'aurais mes hémorroïd' qui m'gratt'raient le trou d'la cruch'
Alors j'réajust'rais mes ragnagnas à la main
Alors ça l'exist'rait et ell' foutrait des baff' aux gamins
Pour leur apprendre à parler à tabl'

———

Plateau-Télé

J' m'enfile un kirsh-Jeux de 20 heures
Une pizza-ragnagnas
Et un calendos-hémoglobine
Peut-être est-ce qu'j'finirais la soirée

Au Rambo-snack-bar
De ma vidéo X-dancing
J'm'tape le président au beur
P'is les kakis au coca

Amnesty à l'Epeda
Et l'aspiro au débandé
P'is t'hein si j'suis pas trop crevé

Peut-être est-ce qu'j'finirais la soirée

Au Rambo-snack-bar
De ma vidéo X-dancing

———

Tous

Tiens je ne me souviens plus de tous ces poèmes qui me faisaient frémir
Mes chanteurs préférés m'ont laissés sur le bas-côté
De l'autoroute de leur mélancolie
Tiens je n'ai même plus le cÿ ur à sourire
Juste un souper et puis on meurt
J'ai peur
Des alizés
Qui m'emportent vers d'autres souvenirs
Sous d'autres latitudes et de plus fortes chaleurs
Mais le soleil est trompeur
Qui brille sous l'argent étranger
Tiens le silence me fait peur
J'ai les mains moites et le cÿ ur ici
Mon esprit vagabonde vers hier et mon passé
Pourquoi pleurer pourquoi rire
Un café serré à Saint-Michel un guacamole à Marks & Spencer
Deux trois bouquins à la FNAC ou à Gibert un fromage libanais
Des tickets-restaurant de la Préfecture un rendez-vous au musée
Paris-Londres Londres-Paris
Le métro
Le château
Versailles-Le Chesnay
Le walkman les allers-retours en bus la fac Nanterre ailleurs
Mes jeunes années se sont envolées
Je crois que quelqu'un l'a chanté
Je n'écoute plus que de vieux disques je ne lis même plus je me parle au lit

―――――

M. De...

M. De... connaît très bien le nouveau ministre de l'Intérieur
Qui d'ailleurs passe ce soir dans son émission de 2ème partie de soirée
Tu zappes tu zappes
Zappe sur moi
Et bien qu'il fut très ami avec l'ancien ministre des finances et
Son confrère de la Culture
M. De... désormais
Ne recevra plus c'est sûr
Que les membres de l'actuel gouvernement pour nous éduquer
Dans nos maigres chaumières après le labeur
Tu zappes tu zappes
Zappe sur moi
M. De... chantre de la jeune télé
Interviewera bientôt un ancien comique de gauche
Ou un vieux chanteur de droite
Ce sera selon de quel côté penche
-Ra l'urne nationale à quelque prochaine date
Mais il parle moderne il cause même beur
M. De... alors ses émissions ont toujours autant de succès
Tu zappes tu zappes
Zappe sur moi
On nous dit qu'elle est loin la censure gaullienne
Moi je veux bien
M. De... s'entoure de charmantes pépés
Et de philosophes qui changent de couleur
Au grés des nouvelles majorités
Dont les membres volontaires en mal de publicité
Viennent
Nous expliquer
Pourquoi le nouvel impôt la prochaine taxe
Servent à notre développement
Mais que nous chaut l'économie ou l'Etat
Si pour ne pas crever de faim
On doit bouffer nos enfants
Ou notre chat
Mais M. De... se paie de volubiles avocats
Et des rubriques comiques
Il encule quelques chèvres à dessein de faire rire le bon prolétariat
M. De... est un jeune homme moderne et plein d'avenir
Son honnêteté et sa droiture
Lui ont permis d'acheter sa propre société
De production c'est unique
Ses fans sont trop bien dans leur peau dans leurs têtes et éclectiques
Tu zappes tu zappes
Zappe sur moi

―――――

Kkkultur

Si une cinquième cultivée
C'est rediffuser Bourrel en deuxième partie de soirée
Si être cultivé
C'est brûler des livres avec Edern-Hallier
Je préfère encor regarder "La brosse à dents"
Si la culture
Ce sont des ministres de la Culture
Déversant de leurs cornes d'abondance
Croix et légions au moindre historien qui paye sa redevance
Je préfère encor regarder "La brosse à dents"
Si une cinquième cultivée
C'est toujours choisir en gondole les quelques derniers goncouristes
Je préfère encor regarder "La brosse à dents"
Si une cinquième cultivée
C'est "pivoter" une bien peu mémorable dictée
Même pas de Mérimée
Je préfère encor regarder "La brosse à dents"
Si une cinquième cultivée
C'est lire Proust sur une plage salée
Je préfère encor regarder "La brosse à dents"
Si une cinquième cultivée
C'est faire la chasse aux chiens et aux pigeons mais du fond de nos goguenots
Il n'y a pas que les poissons qui chient dans l'eau
Alors je préfère encor regarder "La brosse à dents"
Si une cinquième cultivée
C'est se donner bonne conscience
Dans nos Ministères de l'Urgence
Et nos semaines de la pauvreté
Radio-télédiffusées
Dans nos concerts caritatifs
Avec nos flics entre deux tabassages de manifs
Qui viennent ramasser les pochards
Pour les emmener à Nanterre
Alors moi je préfère encor regarder "La brosse à dents"

Si une cinquième cultivée
Je dis que
Si une cinquième cultivée
C'est aller voir la dernière FIAC
L'ouverture de la prochaine FNAC
Je préfère encor regarder "La brosse à dents"
Si une cinquième cultivée
C'est assister à l'arrosage du dernier chouchou des prêtres de Beaubourg
Acheter le dernier ouvrage de l'ancien conservateur en chef du Louvre
Exhiber quelques anciens rentiers de la Sorbonne docteurs à la moumoute
Je préfère encor regarder "La brosse à dents"
Si une cinquième cultivée
C'est se donner bonne conscience
Sur la dernière guerre
Messieurs les enfants de la chance
En meuglant contre le nazisme
En allant porter des fleurs
Sur la tombe quelconque d'un généralissime
A Colombey-Les-Deux-Eglises
Tout en favorisant le racisme
Du fond de votre Ministère de la Défense
Et des modernes bûchers de votre féodal Puy-Du-Fou
Si une cinquième cultivée
C'est programmer à l'aise le prochain génocide
L'ONU aux dents et CNN préparant déjà les angles de prises de vue
Messieurs les enfants de la France
Messieurs les enfants de la Patrie (ma Patride)
Alors là vraiment moi je préfère encor regarder "La brosse à dents"

Capitalism & Co

Les chanteurs à la mode viennent promouvoir leur dernier CD
Autour de la tombe d'un comique mort depuis une bonne décennie
Un ancien futur ministre socialiste explique à la télé
Qu'ils ont raison au gouvernement de ne plus vouloir payer le RMI
Le temps joue contre nous petite
L'Etat se fait construire des pyramides moderne Alectée
Pendant qu'à La Défense agonisent les sans-logis
Les entreprises pour nous recruter
Attendent la prochaine déduction d'impôts se mêlent d'astrologie
Le temps joue contre nous petite
L'ANPE ne cherche même pas à m'employer
Et ce matin au courrier j'ai reçu le prospectus d'un organisme de crédit
Les petits vieux ont-ils un jour vu les ronds de la taxe télé
Les publicités permettent à France-Télévision de faire du profit
Le temps joue contre nous petite
Nos mercenaires préparent un autre push à la télé
Avant d'être rapatriés pour briser les grévistes à Paris
L'ancien ministre de la Défense se construit de munificentes universités
Pendant ce temps les étudiants de droit commun n'arrivent même plus à s'entasser dans les amphis
Le temps joue contre nous petite
La Sainte Famille ramène sa Charité

L'Ordre Moral a décidé d'empêcher Racine de brûler Iphigénie
Le Tiers-Monde fait travailler ses bébés
Il faut bien que nos holdings puissent être compétitifs sur les prix
Le temps joue contre nous petite
Il paraît qu'on se construit le caractère à l'armée
A s'construire des phantasmes collectifs dans la réserve des fusils
C'est pas pour la France que pour quatre ans ou plus j'irai m'enterrer
Mon *cent d'encres* ferait un mauvais maquis
Le temps joue contre nous petite
La guerre est multidiffusée
En couleurs et corps équarris
Suivent les publicités
Qui nous réinventent nos envies
Le temps joue contre nous petite
Ils achètent des voitures et font des bébés
Pour remonter la Patrie
Nos villes sont polluées
Nos fleuves taris
Le temps joue contre nous petite
De faux prophètes s'amusent à philosopher
Et brûlent des livres le samedi soir sur M6
Les bouchers font leur publicité
Et montent leur propre parti
Le temps joue contre nous petite
Le moindre film a droit à son carré
Serait-il impudique le rouge coulant de ton *yoni*
Margot l'enragée après son marché
Préfère la viande fraîche ouvre en direct le cÿ ur d'une brebis
Le temps joue contre nous petite
Les sociétés d'HLM relogent les plus hauts salariés

Il n'y a qu'en début de mois que les banquiers me sourient
On nous enlève la Sécurité
Pour rembourser une si grosse dette que la Banque de France ne me l'aurait jamais permise
Le temps joue contre nous petite
Notre argent est dispensé

Aux multinationales aux PMI
Nos enfants sont sous-payés
Le SMIC est une plaisanterie
Le temps joue contre nous petite
On veut nous réserver les emplois ouvriers
L'instruction est réservée aux nantis
Le travail c'est la santé
Pour les fils des rallyes qui ne l'ont jamais appris
Le temps joue contre nous petite
Toute la société
Recherche le profit
Mais la Reine n'aime pas le partage
Comme chez les fourmis
La solitude est minitélisée
Le St Marketing nous téléphone par ses nouveaux messies
Un voyage dans les îles si on rempli bien son caddie
Le temps joue contre nous petite
Des émissions de jeu au Club Méditerranée
On nous apprend que le JO doit toujours être obéi
Qu'il faut toujours positiver
Etre plus compétitif pour enrichir le capitaliste gentil
Le temps joue contre nous petite
Il faut bouger et évoluer

Etre toujours mobile et disponible
Etre prêt à se faire licencier
Et à changer de vie
Ce sont les aléas du métier
Un employé ça se prend et ça se jette ça se sacrifie
Seul compte le suprême intérêt
Du patron qu'en commun Dieu et l'Etat sanctifient
Qui déjà n'était-ce pas Smith qui nous parlait d'Harmonie
Le temps joue contre nous petite
La santé
La maladie
Ca coûte trop cher il faut rendre démodés
Tous les acquis
Réclames d'Etat et associations patronales n'ont de cesse de proclamer
Pour eux soyez unis
Faites leurs guerres pour eux travaillez sans répit
Mais après mourez vite ils ne peuvent vous entretenir c'est à vous de vous assumer
Les clochards sont des fainéants les déshérités un mal qu'on ne peut éviter
Mais la nation est une grande famille
Pour elle et défendre d'autres intérêts que les vôtres soyez toujours prêts

A mourir la joie au cÿ ur la fiche de présence dans la poche et la fleur au Uzi
Le temps joue contre nous petite
Positifs enchaînés avec pour le désespoir des entretiens d'embauche la méthode Coué
Muets toujours contents de votre sort serviles et soumis
Unis pour gagner gagner bien sûr l'argent que seuls de plus riches auront le droit de dépenser
Mais mon cÿ ur de loup solitaire sera toujours gris
Le temps joue contre nous petite
Alors je vous laisse à vos jeux pipés
Je suis d'une autre galaxie
Je suis un chien crevé un chien qui gueule un chien
Au foie jaune et aigri
Le temps joue contre nous petite
Le temps joue contre nous petite
Les speakers sont bien payés cette année
J'aurais dû apprendre à lécher les partis
Ca rapporte d'apprendre au public à saluer
Bras tendu et main levée au prime-time du samedi
Pour le préparer aux infos (vel) d'hiver

———

D-émissions télévisées

Les destins brisés de nos idoles déplumées
N'arrivent toujours pas à faire rêver
Les chiens crevés et les vieilles édentées
Et pendant que nous crevons dans nos cités

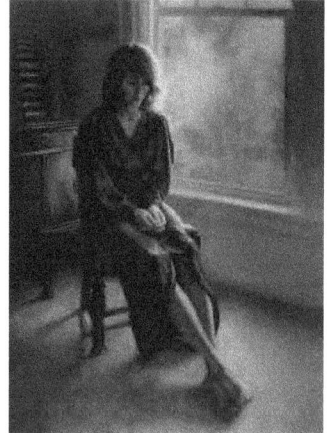

Les vedettes nous endorment en chanson
Pendant qu'on émascule des singes au Gabon
Pour les emprisonner comme les chiens vagabonds
Et les poètes dissidents dans nos régions

Et pendant que j'essaie de les dégommer
Du bout de mon doigt pointé sur l'écran rouge de ma télé
Les destins brisés de nos idoles déplumées

N'arrivent toujours pas à me faire oublier les tables de la loi
Qui nous arrivent de Marseille via la PACA
Et ceux qui veulent nous sauver la vie pendant qu'on crève, solitaires, entre nos draps

---

Comme dans *Le Magicien d'Oz*

Je suis dans l'ordre plus ou moins grand
Des ensembles de souvenirs radioactifs
De mon passé imminent
D'où déjà suis-je donc natif
J'écris en vers
Mon récit d'une guerre
Que je n'ai pas connue
Entre de méchants curés et des singes culs-nus
J'écoute de pervers chanteurs français
Dont les tristes accords me parlent d'Amérique
Mais mon Amérique à moi
S'arrête aux portes maudites du soleil d'un Tropique
Où inopinément me prend le paradoxal blues de chez moi
Je dors et je mange
Je m'encarapace je m'envermine je m'encucaracha
Petit à petit foin des filles morenas
Perdus mes rêves mes espoirs d'autres étés de sandinistes anges
De fer refroidi et d'universelle fraternité
Je ne serais même pas capable de dire où Trotsky est mort
Assassiné
Ce soir ou bien ce matin sous votre éternel amanecer
Où l'on nomme parfois héros les corps
Entassés dans de froides carretanaguas
Puis où sans une prière
Au gré des changements d'Etat on les déterre et on les entasse
Brisant vos vains monuments
Ce soir ou bien ce matin
Loin de ma patrie ô combien coloniale
De ses pénitenciers et de ses charters
Ecoutant crier de leurs voix aigres de chiens
Qu'on égorge la niña qui vend les tortillas
Un peso les cinq
Le colporteur de Prensa
Ou le marchand de chicha et de fruits
Dans mon quotidien tout aussi banal
Que là-bas j'attend un ouragan qui m'emporterait avec les cocotiers
Comme tiens
Dans *Le Magicien d'Oz* je ne sais pas si tu t'en souviens

Silly sowbug

Un nèg' brûlé sur la Highway
Dans l'noir un feu de croix brûle sur les cieux dévastés
Et en France Pétain toujours en vie
Sali silly su'l'lit

Allah qui poursuit les déviants et les délatte au souk
Au nom des Imâms de dieu l'pè'e et de Malbrouk
Et en France Pétain toujours en vie

Sali silly su'l'lit

Les bottes rouges sur la place blanche
Et Franco qui n'est plus tout à fait mort à la télé même le dimanche
Et en France Pétain toujours en vie
Sali silly su'l'lit

Dans leurs habits de pacotille pendant que le sacrifié sort du toril
Et dans les universités tous nos latineurs qui babillent
Révision et autodafés du jobarthism' en France c'est bien vrai que Sart' n'est plus en vie
Sali silly su'l'lit

Marseille qui nous remonte ses odeurs de merlans
Et qui nous vendette nos maternelles d'fils d'catholiques ruffians
Alors en France c'est bien vrai qu'Sart' n'est plus en vie
Sali silly su'l'lit

Et quelques philosophes nous vendent des livres et des pin's
Pour RFI et les mercenaires d'not' beau ministère d'l'intérieur
En Croatie ou chez les beurs
Ou au 20H d'vant l'premier ministre qu'est not' chef du marketing

———

Autour de ma tête Xème

Les speakers sont bien payés cette année
J'aurai dû apprendre à lécher les partis
Ca rapporte d'apprendre au public
Pour mieux le préparer aux infos vel-d'hiver à saluer
Bras tendus et main levée
Main tendue et bras levé
Aux prime-times variété et détente du samedi
Indiscrétion assurée
Quant aux autres shows-reality
Mais c'est ce que la France a demandé
"*Au Bon Beurre*" depuis l'Armistice
Aussi justice expéditive
Et délation télévisée
La star se livre en direct et le coupable est poursuivi
Si tu as le sida si tu es pédé
Si tu es à la rue si ta mère était prostituée
Si ton père t'as violé
Si tu as volé ou si tu as dealé
Sois rassuré
Mère Télé aux 7 Douleurs va te confesser
Elle te fera la cérémonie
De réconciliation en différé
Tu seras jugé par ton pays
Et pardonné par la Très Sainte Trinité
On a bien apprécié les nazis
Les ministres ensanglantés s'amnistient
Et sida cancer et pauvreté
Font les choux gras des stars de la télé
Mais toi tu peux toujours te flageller

Dans les champs d'ondes étoilées
La nuit on chasse les soirs d'été on torée
Si tu rêvais de passer à la télé
Y faut payer le prix
Déculotte-toi 20h30 entre une guerre
Et une campagne pour que la peine de mort soit rétablie
Tu ne seras pas payé
Car "*Selon que vous serez...*"
Aux infos on nous parle d'intégrismes étrangers
On nous incite à acheter des crucifix
Les Grands Reportages se situent entre les banlieues maudites
Remplies d'étrangers
Et la Sainte Famille
Dix enfants et un château modèle de chrétienté
A prier le Petit Jésus autour de son zizi

———

Passé minuit devant la télé

Friture d'images sur l'écran gavé
Où repassent encor quelques mercenaires
Dans le sombre silence qu'éclaire
En biais les battements de mon cÿ ur insonorisé

La solitude se lève exaspérée
Pendant que les soldats en armes délattent quelques réfractaires
Dans un quelconque documentaire
    La solitude blanche dans sa robe de mariée

S'approche d'un James Bond intermédiaire
Sirotant un porto flip dans Nassau fatigué

De ses exploits spectaculaires

Puis zappe sur un amas indistinct de chairs
Et à nouveau sur des massacres missionnaires
Un chat sort d'une poubelle dans un tel fracas qu'un' f'nêtre vient de s'allumer

––––––––

Pendant ce temps (*Interim*)

Prenez une 'tit' grosse
Genre popote à laisser à la maison (folklore)
Ronchochonne
Pour qu'elle vous cause d'ANPE

Pendant ce temps

Tu te demandes: Mais peut-on faire une Révolution tout seul?
Et tu te dis: Ne sois pas si prude ma 'tit' ASSEDIC
Cela sied mal à la rudesse de ton verbe

Pendant ce temps

La grosse chochotte toute chnoque à la télé midi petits pois salé du soir
Te donne les bonnes adresses job emploi que quand t'appelles l'est toujours tout faux l'numéro
Merci la France Merci Patron Merci Bernard Merci Ginette

Pendant ce temps

Tu te demandes: Mais peut-on faire une Révolution tout seul?
Et tu te dis: Ne sois pas si vertueuse ma 'tit' ASSEDIC
Cela sied mal à l'absence de tes actes

Pendant ce temps

T'envoleras pas au Zob-Hotel du Soleil ce soir non plus, Bob

––––––––

Balladeur - On the road again

J'ai lâché mon walkman
Mon amour des CD
J'écoute un star faire le clown
A la télé
Leur émission débile
Finit d'me ravager
M'mettre l'moral à zéro
J'écoute plus c'qui baragouine
Ma vie va à vau-l'eau
J'aimerais t'aimer
Sur des dunes de sable chaud
Avoir un bon travail p'is des marmots
Avoir du beurre et l'argent-braguette mais
Tout seul dans mon studio

J'attends les huissiers
D'être expulsé
De d'venir clodo
Par la gente armée
Alors j'ai beau rêver
A Zara Whites qui viendrait coucher
Dans mon lit un jour
Comme ça par hasard
En voyant d'la lumière
Entre deux scènes pornos
J'dois bien reconnaître
Qu'étant mauvais baiseur et sans boulot
J'ai rien pour faire naître
Le désir chez les starlettes de la minuit
Alors malhabile
Tout seul sur mon grabas triste j'm'manipule
P'is j'fais des bulles
Et je m'love en foetus
Dans c't'espèce d'régression infantile
Et utérine
En espérant mourir d'ennui
De chiasse ou de Suze

———

RDS 95

J'imagine Fortune
Derrière sa roue à la télévision
Faisant tomber tour à tour
Et le pauvre et le riche
Et le gueux et le bougnat
Et le noble et le bourgeois
Et tournant la tête
J'essaie d'oublier les discours
De quelque premier ministre
A la dent creuse et aux mains avides
J'imagine dame blanche ma Fortune
Derrière mon écran de télévision

Ses yeux pers de jade flambants comme deux fours
Et à la bourse chiche
Copinant avec nos injustes rois
Paresseux bedonnants et ingrats
J'écoute poindre la bête
Immonde au pas lourd
Au fifrelin bistre
Faisant déclaration de guerre
Pour remplir de sang d'étrangers
Nos ventres vides

———

III - INTERMEDE TROPICAL

Voyages français - El desconfiado

Je n'aurais jamais cru qu'ils me manqueraient
Mes ciels de nuages et mes jours de pluie
A regarder l'ÿ il plombé par l'envie de m'évader
Le mur gris du HLM d'en face que le temps trop vite a sali

Je suis comme M. Gauguin aujourd'hui
Sans un sou vaillant et le bagage maigre
Parti vers d'autres soleils atterri dans ce pays
Mais un français sans argent ici n'est rien d'autre qu'un nègre

Je n'aurais pas cru que le ciel versaillais
Me manquât avec ses nues de frichti
Ni que l'isolement serait tant venu me peser
Même si on me l'avait dit

Les ombres du passé
Me font cortège et me sourient
Les insectes me guettent tous bien rangés
En colonnes dans ma cuisine

Tout se répète à ce qu'on dit
Et à peine attendu je suis plus gêne que désir à mes amis
Me voici donc cloîtré
Moinillon involontaire au gré de leurs occupations

Je suis le triste le solitaire je fais salon
Et je décore agréablement les pièces de leurs maisons
Puis ça puis là le vent m'a poussé
Et je ne saurais dire où ma feuille morte ce soir est tombée

———

Brousse

Du fond de ma brousse
J'écris d'exquises poésies
Mais dont jamais les vers polis ne retroussent
Vos jambes vernies

———

Je suis dans le tréfonds du cul de l'Enfer
Avec des palmiers
Si tu savais ce que j'en ai à faire
Du soleil et des bananiers

———

Fête des Mères - Recuerdo

On apprend à parler plus vite
A ne pas rester silencieux
A dire seulement les choses importantes
Je t'écris ce que j'ai à te dire
Sur des petits bouts de papiers
Pour ne pas oublier
3mns ce n'est pas beaucoup
Mais on s'habitue
Je t'appelle maman
D'où je vis maintenant
Pour combien de temps je ne sais pas
Ce ne sont pas les Etats-Unis et ses lumières
Son rêve américain
Son cosmopolitisme et ses Mac Do
Ce n'est pas l'Espagne et ses après-midis arabes
Ses nuits de fêtes
Qui durent jusqu'au petit matin
Non lieu-Nowhere
Peut-être t'enverrai-je une carte postale
Pour te parler de ma vie
Peut-être m'écriras-tu
Toi

Et je recevrai ta lettre dans ma solitude
Qui m'apportera l'odeur de ton pays
Tellement loin tellement loin
O ma mère
Serait-ce par hasard qu'ils ont déjà tous disparu les oisillons des arbres à la montagne?
Qu' d'ici d'où je suis je ne peux plus les entendre

———

Tío vivo

Il pleut des maduros

Sur le Hollywood Bld de Plaza España
Où les traces de mains et de pieds
Des étoiles de ciné sont remplacées
Par des capsules de gaseosas nord-américaines
Incrustées dans le sable et la poussière

Et dans un kiosque
Des quais de Paris

La vendeuse grogne parce que personne
Ne lui achète ses journaux

Stupide actrice
Du manège
Quotidien
De la vie et des choses

———

Nicaragua Libre

Hier je me lèverai
Avec une arme au bout du poing
Une éjaculation et puis quoi
Nada más

Hier je viendrai
Mourir entre tes seins
Une cravate de notaire et puis quoi

Nada más

Hier je crèverai
De te voir entre d'autres mains
Une passe et puis quoi
Nada más

Hier je te chanterai
Mon coeur brisé de papier machin
Un amour passé et puis quoi
Nada más

Hier je reverrai
Tes chantants lendemains

Un cÿ ur à prendre et puis quoi
Nada más

Hier je viendrai
Encore pleurer ta mort un 27 juin
Nica Libre et puis quoi
Nada más

Hier je redormirai
Entre les bras de tes catins
Sandino est mort les enfants boivent du coca et puis quoi
Nada más

Hier je saurai
Si tu veux enfin de moi au petit matin
Au petit jour dans un motel borgne
Près du Camino de Oriente ou sur la Carretera Norte
Et puis quoi
Nada más
Nada más

———

"*Macadam Cowboy*"

Le sang coule sur son visage

Mais Lili s'en fout
Ca fait bientôt 2 ans
Que Carlos Luis
L'a laissée tomber
Quand elle lui a dit
Que l'enfant était de lui
Elle avait très exactement à cette époque là

14 ans 9 mois
Et un bébé sur les bras
Alors depuis
Elle se pare tous les jours à tapiner
Du côté de la Cinemáteca
Parce que sa mère n'a pas de quoi payer
Les pots du bébé
Elle vit avec ses deux oncles et sa sÿ ur
Le sang coule sur son visage
Mais Lili s'en fout
Au début s'était un peu dur
Et puis elle a vite compris ce que les hommes attendaient d'elle
Qu'elle soit gentille je suis coquine leur dit-elle
Le sang coule sur son visage
Mais Lili s'en fout
Ce n'était pas un client mécontent
Même pas un chien de flic
Juste des voleurs qui voulaient son fric
Elle a essayer de se défendre
Pour le lui prendre
Ils ont alors déchiré son corsage et sa culotte
Lui ont tiré les bottes
Elle ferme les yeux
Elle ne regarde plus
Le ballet du monde sans plus

Et ses rótulos de pubs mais ici la misère n'a pas d'orange bleue
Le sang coule sur son visage
Mais Lili s'en fout
Plus loin le chauffeur du taxi
A un grand trou rouge au côté droit
La radio elle l'entend d'ici
Joue une reprise rap des Bee-Gees
Le sang coule sur son visage
Mais Lili s'en fout

Elle n'aura plus jamais faim plus jamais peur
Finies les longues nuits
Froides à arpenter le Camino de Oriente
Ou le bassin carré aux lumineux jets d'eau
De MetroCentro
Le sang coule sur son visage
Mais Lili s'en fout

J'ai vu mourir Jerónimo et Porfirio
Sous les coups sauvages de la police d'Etat
Demain je sais qu'on les oubliera déjà
Moi plus jamais je ne reviendrai dans ce pays
De colère de haine de rage et de sang
Mais dites-moi je n'ai pas oublié non plus M. De Gaulle
Vos mercenaires lâchés sur les groupes étudiants
Et ce soleil de printemps aux reflets grenats
Quartier Latin
En ce joli mois de mai 68

———

Ambassade de France Managua Nicaragua

Des corps héroïques
Des corps androgynes
Sous des draps de satin noir
Avec des diplomates pédérastes pour couvertures

Des bittes inflorescentes sous des fibres tactiques
Des complots de bas étage sous des bureaux sans pine
Des êtres succubiens sortis de l'enfer d'un roman noir
Des starting-blocks pour des départs sans aventure

Des intérêts comme des fins de trique
Et des lumières alcalines
Dans les paradis artificiels de demi-dieux de *bâzâr*
Et des diplomates offrant leurs culs en vue de bottoms-apertures

———

Moi

Y'en a qui disent qu'la solitude ça n'existe pas
Mais quand tu n'as plus rien
Dans les mains
Mais que tu continues pourtant à tendre les bras

Bien sûr les putes y'en a toujours à Managua ou bien ailleurs
Des jolies mômes de Paname à l'accent gouailleur
Bien sûr des parents on en a toujours quelque part
Dans le cÿ ur dans le foie ou sur le départ
Mais qu'en on est tout seul dans le creux de nos draps sans hasard
Alors bien sûr y'en a qui m'disent d'êt' heureux
De pas m'en faire que le temps est frileux
Mais moi je pense à tout ça
A tous ceux-là
Qu'on a assassinés
A tous ceux qu'on assassine au nom du bon dieu d'bon droit
A Lumumba
A not' manque de mémoire
Et p'is aussi aux amitiés fatiguées
Au taureau dans l'arène au taureau massacré
A la guillotine et aux chasseurs du p'tit matin
Qui tirent le soleil avant qui n'soit l'vé
Debouts et harnachés de leurs mâtins
Aux enfants tell'ment bâtardisés
Qu'un jour ils en décident de s'suicider
Aux p'tits vieux au coin d'l'armoire
Entre un verre de chouannette et le désespoir
Aux vieux qui meurent à p'tit feu
Et à ces pays entiers dans la carène du jeu
Démocratique
Au libre échange à son cynisme lubrique
A l'Afrique à Taïwan
A l'Amérique du Sud au trépas de tous les Soliman
A la guerre aux génocides
A l'Algérie et au Vietnam
A la bombe au napalm
A l'incompréhension qui nous guide
A l'intégrisme à not' manqu' d' rébellion
A Talin et à Scion
A tout l'rest' à d'aut' chos's'aussi
A ma rate à ta chatt' à not' lit à mon vit
Et dans mes cauchemar' à la France qui me pue
A la France qui me tue

———

IV - PLACEBO DOMINO IN REGIONEM VIVORUM

"Placebo domino in regionem vivorum", 116,9

Déambulant sur la terre des douleurs
Faire neuvaine et pleurant
Quittez vos manteaux de gloires et vos mitres d'argent
Pleurez votre or blond et rutilantes fleurs

Placebo domino in regionem vivorum
C'est la bourrée auvergnate

"Je suis faite pour l'amour,
Et c'est tout,..."
Disait la puce au pou
Sous les oliviers de la Passion au petit jour

Placebo domino in regionem vivorum
C'est la bourrée bourguignonne

O Miserere ma petite ANPE ne me donne plus de quoi lamper
Paraît qu'j'ai pas assez cotisé mon ami
Mais bien je sais moi que quand la Guerre voudra souffler ma vie
Clebs sous mon pont crois-moi ma Mère-Patrie oh oui viendra me sucer

Placebo domino in regionem vivorum
C'est la bourrée berrichonne

Laissez tomber Fortune
L'amère amante de la République
Ops écume de boîtes en plastique
Et nos femmes enceintes invoquent encor la féconde Lune

Placebo domino in regionem vivorum
C'est la bourrée bretonne

Et dans notre hexagonale Espérance
Croisent les navires marchands
A fond de cale pour nos rêves nègres d'esclaves pleins d'Asie d'ours blancs
Et Marta finit de tisser sa grande toile de mauvaises chances

Placebo domino in regionem vivorum
C'est la bourrée île-de-francienne

O tant de vins doux que nous livre Marseille la vieille
Ne suffisent pas à nous enivrer
Tant il est vrai que l'ivresse nous échaufferait
Et que la Ronde de Monseigneur le Préfet Le Gros Feignant nous surveille

Placebo domino in regionem vivorum
C'est la bourrée armoricaine

Point n'est de pardon pour la pute au faubourg
Quand télé et journaux nous dictent le chemin de nouvel emploi
Alors vive les bordeaux de guingois

Où pour le Dragon d'Etat sans trêve on tapine à mourir sur quel parvis sans retour

Placebo domino in regionem vivorum
C'est la bourrée languedocienne

Miracle sur Notre Dame des Pauvres
Oncques fois mourons en carême
Mais quel désespoir que ce mouron blême
Qui nos âmes pousse matin en fournaiseux âtre d'Enfer sans jamais le voir le divin hâvre

Placebo domino in regionem vivorum
C'est la bourrée strasbourgeoise

C'est un rêve de lendemains qui chantent
Où nos corps fatigués
Pourraient enfin venir s'allonger
Dans l'eau immobile et la mort des anciens Atlantes

Placebo domino in regionem vivorum
C'est la bourrée canno-niçoise

———

Les fosses

Descendant au royaume d'Enfer
En passant le pont de Cinvat
En le premier cercle
Je vis nos avaricieux ministres d'Etat

Et en le second pendre en travers leurs crocs béats
Leurs gourmandes langues
En le troisième leurs conseillers jésuites et matois
A l'orgueilleuse bedaine qui tangue

En le quatrième le colérique clergé
Brandissant chats et tables de la loi
En la bouillante poisse encor fumante de convoitise
Le cinquième cercle

Vomissait des injures scélérates et nationalistes
Alors qu'au sixième croupissaient
Nos anciens députés
Paressant sur leurs coffres emplis de nos dîmes et de notre bêtise

Et flemmardant à vivre de leurs rentes à vie entière
Jusqu'après mort même du septième enfin le plus ou le moins délétère
Jaillissaient d'oligarchiques et diablotins
Prétendants à nos trônes républicains

Le nu cul et les hyoïdes psalmodiant de derrière leurs boxons
Aux rouges lanternes
Les hymnes thuriféraires
En leurs populistes hélicons

Des haines raciales et des douces transes de nos Etats-Aiôns
En ce pandémonion que l'on nomme patrie et où ils nous bernent
Onques sceptique en mes fosses j'ai jeté nos ministres police et curaillons
Pour joie et plaisir de ma douce Anarchie et de nos frères Athées

———

"Dites-moi où, n'en quel pays,
Est Flora la belle Romaine,..."

Je
ne veux pas finir au Père Lachaise,
De tout le jour visité comme on visite
Les anciens héros morts et cuits en fournaise,
Ces vieux hommes qui n'ont plus de chair que le mythe
Et dont nos yeux ne pleurent plus le mérite.
Je ne veux pas n'être qu'un nom sur un livre.
Je veux encor ronger le temps dans l'Aiôn ivre,
Je veux encor me dépenser jusqu'à mourir
Mais renaître à chaque fois pour donc vivre,
Moi pour qui la jeune vie ne fait que s'ouvrir.

Je ne veux pas finir au Père Lachaise,
Oublieux que nous sommes de nos quirites,
Car alors mon corps finirait en terre glaise,
Inconnu que la foule passe vite.
Je ne veux pas voir mon squelette putride
Etaler ses os au Ciel pour qu'il le délivre,
Je préfère encor que le feu me dégivre
Et que mes cendres au soleil s'en aillent finir
Dans l'océan qui enfin les rendra libres.
Je ne veux pas que mon âme s'envole au zéphyr.

Je ne veux pas finir au Père Lachaise,
Je préfère que mon Triomphe comme un coït
Meurt, roi saturnien, dans l'ardente braise.
Mais si la Gloire ne connaît mon mérite,
A quoi donc servirait qu'une tombe ne l'imite
A graver pour toujours en haut son calibre,
Mes titres - closes épitaphes de mon livre -.
Mon nom sur la dalle n'aura cure de mérir
Quand, même à faire du grobis, ne pourrai revivre
De par Dieu ou par son funeste advenir.

Je ne serais donc au cimetière qu'un chiffre,
Quand sous ma stèle je ne serai plus libre,
Et mon âme, plus sombre qu'un nit, sans choisir,
Rien que pain pour les archiptères et les grives.
Onc sous riche tombeau me garmente pourrir.

————

De la circulation de l'argent dans les juke-box

O ministres auliques
De notre belle république
Faites bien tenir votre houppette
A la gomme de menthe et à l'alcool de jasmin

Et astiquez votre ventru plastron
Envoyez vos valets au frais matin
Vous acheter chez le mercier
Des bas de soie des boutons de célibataire et des rubans de couleurs

Aux ministres auliques
De notre sacrée république
Qui ne savent pas encore faire la courbette

Ni danser le menuet au pas mesuré
Nous qui vous sommes laquais ou larrons
Vous faisons don gratis de notre hast dîme de futurs chômeurs

————

Disque rayé dans le juke-box n° série 150868

Wheel of Fortune
Elle roule sous mes pieds
Comme une pierre améthyste
Et je continue de marcher
Comme l'unique Etre qui existe
Wheel of Fortune
Elle roule sous mes pieds
Comme une roue de moulin
Et je continue de me traîner
Comme un escargot limousin
Wheel of Fortune
Elle roule sous mes pieds

Comme une pierre améthyste
Et je continue de rêver
Comme un grand Tantale triste
Wheel of Fortune
Elle roule sous mes pieds
Comme une roue de moulin
Et je continue de couler
Comme une eau sans pétrin
Wheel of Fortune
Elle roule sous mes pieds
Comme une pierre améthyste
Et je continue d'exister
Comme un Bacchus bistre privé de son thyrse
Wheel of Fortune
Elle roule sous mes pieds
Comme une roue de moulin
Et je continue de mimer
Le jeu des humains
Sous l'ÿ il de mes frères les grands, clowns de la Lune

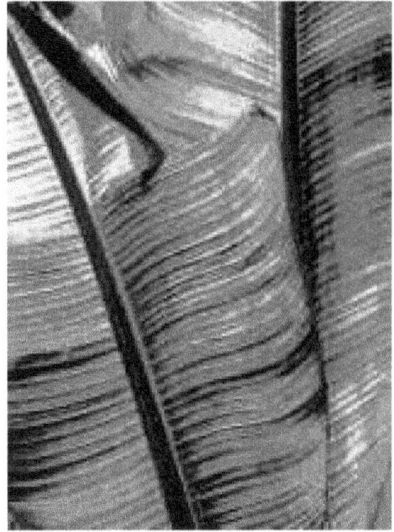

Vision fébrile - (Masques)

Zeus décadent
Descendait les allées d'un cimetière
Quand il vit à travers une cité en sang
Yahvé s'enfuir vers l'éther

Sur la tombe du désir et de l'absent
Un jour ils trouvèrent Patrie en guerre
Qui sous des oripeaux de Madone et d'Orant
Pillait le peuple de ses longs doigts délétères

Et ramassait deniers pesos et talents
Ces trois fils de l'horreur et de l'enfer
M'empoignèrent alors en régressant
Dans l'ombre et le néant

Histoire du Hasard et de mon Pantalon

... Mais Dieu était bien mort
Et je restais là tout seul moi debout
Au milieu de ma chambre entre huit heures et huit heures et demi
Comme un grand chien à la queue en feu

Les yeux figés par l'obscurité du dehors
Sur un revolver à six coups
La terre sous mes pieds il ne me restait plus que trois cartouches et un demi
Dans l'air exsangue et assoiffé de la pleine nuit bleue

Je restais là immobile comme une hor-
-Loge à douter du temps qui passe par-dessus nous

Et sans un cri
J'ai déboutonné mon pantalon et commençais à me masturber dans le silence hasardeux

———

Et Dieu ôte sa perruque

Et si Dieu était mort ce soir
Entre les cuisses velues d'une négresse
La tête plantée sous une barrique de vin rouge
Un cierge au cul et la bible pour se tenir la nuque

Et si après Dieu s'était suicidé dans sa baignoire
En s'ouvrant les poignets d'un coup sec de lame de rasoir
Un pétard mouillé entre les fesses
Et assis sur une barrique de poudre

Et si Dieu avait un jour décidé de lâcher son foudre
Et de se taper un cul sous le clocher d'une vieille paroisse de Saint-Ménard
Il s'est installé là avec son plug
Et dans le frais crépuscule barbare

Sous les cyprès qui se fanent et les lauriers qui s'affaissent
Dieu se défroque pour se coucher en sa tombe sous le regard
Des cupidons qui le reluquent
Et une nouvelle fois Dieu range son dentier dans son gobelet et ôte sa perruque

———

Chronique nécrologique (Autopsie d'une mort naturelle)

- A quelle heure est-il mort?
- Durant mon absence.
- Je ne l'ai pas mangé.
- Tu en es sûre?

- Dieu est mort!
- A cause de son manque d'élégance!
- Il avait beaucoup mécontenté.
- Pour sûr!

- Il avait quelle heure?
- Trop tard. Manque de chance!
- Je l'aurai bien rogné...
- Mon amour... Regarde. Le soleil brille au-dessus des toits comme une poire trop mûre!

———

"Dieu est mort"

Comme Noé sur le mont Ararat
Comme Moïse sur le mont Sinaï
Seul et dissout de la glaise
Comme Icare tombant de sa falaise
Comme la voix du silence qui s'éraille
Drapé tout seul dans sa tunique d'apparat
Comme une idole bedonnante et ridicule mise à mort
Dieu est mort

———

Court-circuit

Sur la ligne de départ
D'une course de stock-cars

Allah
Yahvé et Jehova

Se préparaient fiévreusement
A écraser sous les coups du Destin
Les Juifs les Chrétiens les Hindous et tous les païens
Quand la Mort sous son habit de Caliban

Surgit soudain
Pour leur décocher trois flèches de Cupidon
Et c'est depuis ce jour-là que pousse l'intégrisme de Talin jusqu'à Sion

———

Gling boum Youpla boum

T'es tout seul mon frère
T'as beau te dire qu'y a personne derrière
Et que rien n't'survivra
T'es tout seul mon frère

T'as beau crier dans le désert
Pour appeler quelqu'un qui veuille encore de toi
T'es tout seul mon frère
T'es tout seul mon frère

T'as beau te dire tout haut qu'tu reviendras
Comme le héros dans les films de guerre
T'es tout seul mon frère

T'as beau t'imaginer ton heure dernière
Et te rassurer en t'disant qu't'aurais pas pu mieux faire
Maint'nant faut t'fair'un'raison y'a plus rien autour d'toi

———

Solitude ou Les Sphères

Le paradis est ailleurs
Mais ailleurs c'est toujours autre part
Et autre part c'est toujours ailleurs
Où qu'on aille et quelque soit le départ

Ou l'arrivée mais Seigneur
Les prières sont toujours lancées au hasard
Et le destin n'attend jamais qu'on ait usé toutes nos heures
Mais le futur n'est qu'un long cauchemar hagard

Et l'éphémère lueur
De nos lendemains jetés aux cochons sent le lard
Et la poussière et la gouaille et l'ennui et la peur

Le paradis est ailleurs
Mais ailleurs c'est toujours autre part
Et autre part c'est toujours ailleurs

———

"Fin de partie"

O ma Mère *mamer* Maman Pan-pan
Dans nos cités policées
Visions traumatiques contre le placard d'un commissariat
Ou bien sur le capot d'un viol collectif

Enfants morts dans le ventre de leurs mères-préservatifs
Abattoirs pour des chatons noyés

Et ton body sur mon émoi
3615 Travelo ouvert toute la nuit pour les filles ou les gars

Arrêt sur quelques élans
Canicule sur des chairs ouvertes
Avec pour quelques uns la mort au bout d'un canif

Plus que quelques heures avant le déclin certes
De nos êtres illusoires et l'oubli de moi dans un curé
Qui cause qui cause qui causera des Aux revoirs

Paraît qu'la vie vaut l'coup mais moi j'dirais plutôt l'coup d'pied
Paraît qu'on peut oublier tous ces p'tits soucis avec un arrosoir
La vie n'est pourtant pas rose, mais rimée ah! rimée

———

Je ne pleure pas mais j'ai une poussière dans l'ÿ il
Il est presque Minuit
Mais c'est la nuit qu'il est beau de croire à la lumière
Comme dirait Rostand

Je n'ai vu ni cerf ni chevreuil
Mais sur le gris crucifix
De l'hier
J'attends demain mais sans grand

Espoir
Et devant moi s'ouvre le deuil
Des heures indistinctes dans le noir

Je ne meurs pas mais j'ai une prière dans la neuille
Qui monte vers le Gros Kiwi
De l'inutile ardeur des erreurs et de l'amer

———————

Urban feeling à Mortmonde

It's an urban feeling
Posé sur le zinc d'un dernier bar sans gamine
Les poumons pleins de gaz carboniques et de fumée d'usine
Dehors ça renifle les pots d'échappement et les saucisses brûlées sur le grill
J'l'avoue je n'sais plus si je est un autre mais il
Est complét'ment beurré

Vous qui vous dites libertaires
Peuples allemands états-uniens et français
Russes algériens ou britanniques
M'en souvienne vous avez
Tous en ce siècle fait la même chasse sommaire
Aux débiles aux pédés
Aux artistes et aux hérétiques
It's the human feeling *yeah*

It's the human feeling *yeah*

———————

Alléluia et Hosanna!

Pour le taureau dans l'arène
Et la bête aux aguets
Alléluia et Hosanna

Pour l'injustice et la haine
Pour la fleur écrasée
Alléluia et Hosanna

Pour le travail à la chaîne
Et la mort sur les pavés
Alléluia et Hosanna

Pour l'esclave dans la carène
Pour le nègre qu'on matraque et l'outrage à la femme violée
Alléluia et Hosanna

Pour le poids de la peine
Et le feu du bûcher
Alléluia et Hosanna

Pour Cuauhtémoc et l'haleine

Fétide des conquistadores pour le poète massacré
Alléluia et Hosanna

Pour le lapin de garenne
Pour le juif honni et le chrétien crucifié
Alléluia et Hosanna

Pour moi enfin et le temps qui m'entraîne
Pour le pénitent fatigué
Alléluia et Hosanna

Alléluia et Hosanna
Sur le monde et par-dessus les toits
Sans espoir de secours et dans le vide Astra-

-Le Alléluia et Hosanna
Pour tous les dieux absents et pour le flagellé
Pour la guerre la misère la faim le cancer pour la république et la reine

Alléluia et Hosanna

———

Hymne grégaire pour la convalescence de Philostrate

Lupercales
Dans les yeux bleus et dorés
De mon amour d'Actéon
Quand Suzanne au bain chavirée
Distillait son caviar pour de tristes barbons
Lupercales
Sur les toits immondes
De l'Olympe soulevés par Hermès
Psychopompe porteur survolant l'onde
Où dormait l'Homo bulla d'une Pandore ribaude et caresse
Lupercales
Portées par le chant lancinant et asexué d'un Pan
Vainqueur et le long du pipeau délivrant Eurydice
Par l'antique serpent de la plainte d'Orphée-Narcisse éructant
Sur le bord du fleuve d'Andros où soulevant sa chlamyde Eros jeune pisse
Lupercales
Au fond insipide des victoires d'Athéna à Dodone
Ou du Christ floculant ses idoles d'argile
Quand de grands Atlantes consternés au-dessus des graals atones
Prient immuablement de prosomes Dieux prosimiens aux grâces ductiles et graciles
Lupercales
Pour les troupeaux dorés
Des astrologues enrubannés tenant le trépied ou le thyrse
Le cistre ou la débile couronne de Borée
Là où Zéphyr colporte pour d'encéphaliques agriculteurs le mythe de Cérès à la gloire de Sisyphe
Lupercales
Frères humains qui après nous vivrez
De Bible d'eau et de boudin
Sous les flancs hormonés

D'une Vierge au manteau d'une louve ou d'un Minos taurin

———

Guilty

Mea culpa Mea maxima culpa
Pour avoir offensé la tradition et ses clercs péteux pécus
En caftant sur la colombe fourrée au mousqueton

Mea culpa Mea maxima culpa
Pour avoir offensé la Vierge le Bon Dieu et le petit Jésus
En caftant sur l'Inquisition

Mea culpa Mea maxima culpa
Pour avoir offensé Allah Mahomet Ibn Sinâ et Ibn Rushd
En caftant sur la religion

Mea culpa Mea maxima culpa
Pour avoir offensé la Sainte Mère-Patrie et la bique repue
En caftant sur les impôts qui ne sont ni sociaux ni bons

Mea culpa Mea maxima culpa
Pour avoir offensé Pétain De Gaulle et le PMU
En caftant sur les guerres inutiles et la milice sur les bastions

Mea culpa Mea maxima culpa
Pour avoir offensé nos consuls et nos Ministres de la Culture et de la Coopération
En caftant sur l'esclavagiste colonisation et ses tristes génocides dont personne ne se souvient plus

———

J'ai peur d'être

Je suis l'ombre chevelue aux pieds nus
Je cours les chemins et les terres plains
J'ai peur d'être
J'ai été autrefois des hommes
Et ma flûte ou pipeau s'est tu(e) de bêtise
Et ma flamme chenue
Libre je ne suis pas peut-être
Mais je ne reconnais ni maîtres ni chiens
J'ai peur des hommes
J'écris pour avilir ma franchise
Pas le sou de tous et de chacun la catin
Du jeu la vie ne me donne pas de mise le hasard ne venu
De quoi me servent tant de toutes mes belles lettres
Si sans tricorne
Vas j'ai la tête mal mise
Et puis ma perruque me fait défaut
Plus la dîme et la gabelle ne me donnent pas un pain
Froid comme l'âtre
Des longues chaumes

Avant l'Enfer je voudrais qu'on me dise
Si tenir à pleines mains
Le temps constant l'air vague et les blagues nues
Bien me donne droit entre les hommes
Mes prochains à ne pas mourir sans chemise
J'ai peur d'être

———

"*Les Indes Galantes*" oct.95

J'suis le neveu de la serveuse automate
Moi aussi je voudrais faire quelque chose de ma vie
Avoir de l'argent et un but dans ma vie
Avant qu'mon cadavre exquis n'devienne acrobate

Au grand cirque de la Mort en costume gris
Sur le chemin du fleuve de Cinvat
De lave d'hast
Et de diamants moisis par les corps pourris

J'suis le neveu de la serveuse automate
Moi aussi je voudrais faire quelque chose de ma vie
N'pas crever au boulot en attendant les samedis
Moi aussi j'voudrais vivre ma vie en pirate

———

Moi Jean-Bat-la-Breloque

Moi Jean-Bat-la-Breloque
Qui prouve noir sur blanc
Que je dépasse en folie
Les autres fous de ce monde

J'irai fréter
Ma voiture ou ma nef
Pour joindre Narragon

Je tombe
Et on me dit d'apprendre l'art de faire des acrobaties

———

Commando

Pas de travail
Ce soir je vais incendier l'hôtel de ville
Et l'immeuble de l'ANPE
Et celui de la Sécu
Des pompiers
La Préfecture
Et peut-être aussi s'il me reste du temps l'Elysée

Ils vont m'arrêter

Et me foutre en taule
Bien qu'ils me foutent en taule

Et me torturer?
Mais les Droits de l'Homme!
Aïe! Aïe! Non!... J'ai rien dit!

Pas de travail
Ce soir je vais incendier l'hôtel de ville
Et l'immeuble de l'ANPE
Et celui de la Sécu
Des pompiers
La Préfecture
Et peut-être aussi s'il me reste du temps l'Elysée

Et me fusiller?
Bien qu'ils me fusillent

Et me torturer?
Mais les Droits de l'Homme!
Aïe! Aïe! Non!... J'ai rien dit!

Pas de travail
Ce soir je vais incendier l'hôtel de ville
Et l'immeuble de l'ANPE
Et celui de la Sécu
Des pompiers
La Préfecture
Et peut-être aussi s'il me reste du temps l'Elysée

Et interdire ma chanson?
Bien qu'ils interdisent ma chanson

Et me torturer?
Mais les Droits de l'Homme!
Aïe! Aïe! Non!... J'ai rien dit!

Demain je remplirai ma fiche de chômage mensuel
J'irai acheter le timbre
Et je l'enverrai par la Poste
Comme m'a dit M. l'Agent

———

Reggae

Société
Société pourrie
Pas travail
Société
Société pourrie
Pas d'turbin
Société
Société pourrie
Pourquoi t'es dure comm' ça avec moi
Société
Société pourrie
Pauvre gars il t'a rien fait
Société
Société pourrie
O ça non Madame
Société
Société pourrie
Pas d'légum' plus d'bétail
Société
Société pourrie
Comment cuisiner avec tout ça
Société
Société pourrie
D'quoi pas mourir de faim
Société
Société pourrie
O mamá ô pétrin
Société
Société pourrie
O ça oui Madam'
Société
Société pourrie
Pas d'soleil pas d'embrun
Société
Société pourrie
Trop d'ennemis le sac il est plein
Société
Société pourrie
Pas d'copain
Société

Société pourrie
C'est quoi ça
Société
Société pourrie
Pas d'voiture ô ça non obligé d'marcher à pied
Société
Société pourrie
La vie c'est bien mal fait
Société
Société pourrie
O ça oui M'âme
Société
Société pourrie
Société
Société pourrie

————

Libre-échange...

Il me gonfle ton libre-échange
Avec ses pauvres sur le carreau de la vie
Et ton Etat maquereau
Qui claque ton pognon pour ses parties de jambe en l'air

Il me gonfle ton libre-échange
Qui fait bosser les enfants
Et son tiers-monde au boulot
Qui crève sous les chaînes et dans la misère

Comme ton quart-monde que tu ranges
Dans tes casernes du malheur
Et que tu exposes à Nanterre dans tes émissions du bon cÿ ur

Il me gonfle ton libre échange
Que tu maquilles comme une pute au pinceau
Des vertus d'une démocratie népotique et inégalitaire

————

Indices à porter sur ma future feuille d'imposition

Dans l'histoire résumée et intercalaire de ma vie
Revue et corrigée par nos fiches de société
Qui estampillent et poinçonnent notr' glas éphémère
J'avance en constatant mon passé

Comme l'on constate le dégât des eaux sur un devis
Et j'écris en réponse mes lettres stéréotypées
A l'Administration générale des décomptes bancaires et du surnuméraire
Qui s'charge de tenir le bilan suicidaire de nos heures détaxées

Sur le formulaire B249000 des charges annuelles dues aux soucis
Je me suis donc appliqué à cocher la case "lessivé"
Et sur les lignes suivantes laissées là à cet effet par les ronds-d'cuir d'nos impôts parlementair's

J'ai notifié dans le cadre réservé - et imparti - à la libre pensée
En dépassant un peu sur les côtés mes feuillets de pensée comme de la glaire
Puis j'ai paraphé au rayon "lu et approuvé" en signant "un suicidé de la vie"

_____

Hymne à la France et à ses Con-citoyens

Combien d'enfants as-tu vendus sous le manteau
Vieille France pourri-taine
Combien d'Etats as-tu montés sur l'échafaud
De la misère et de ta bedaine

Combien de loques et de laquais t'ont dirigée
Combien de diplomates marrons
Et de généraux fatigués
Combien d'imbéciles barbons

Te crois-tu encore en droit de nous infliger
Et pour combien de décades encor vieille Patrie bidon
Revancharde et malsaine
Allez va faire ta propagande pour tes poignées de prolos

Je suis d'un autre monde et j'ai la Migraine
Marianne a le cul en berne
Et la Marseillaise
Racolÿtoujours su' l'trottoir d'en face, c't'vieil' chienn'

_____

Ni bon ni bonne

Ni bon ni bonne
Sur les escaliers du destin
Dans l'Attali des Hallalis
Sur le cadavre des étants

Ni Napoléon ni Cambronne
Imperator du petit matin
Elevé par l'art de la Patrie
Sur les os et tout le sang

De millions de crucifiés pour rien
Ni bon ni bonne
Diplomates marrons et généraux qui se pantalonnent

Et se paluchent sur les morts pourris
Du plus rien qui chante une Marseillaise
Dont souvent comme Ferré j'aimerais qu'on me la baise

———

Bleu Blanc Prout

Monsieur le Premier Sinistre
J'ai la bitte en feu et la chaude pisse
Allez vous aussi me la taxer à 50%
Messieurs de l'administration hépatique

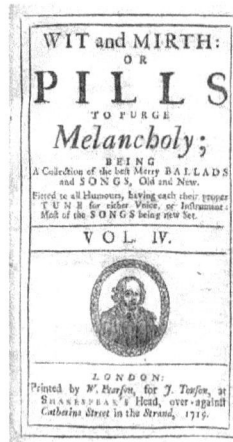

J'ai une blennorragie et la varicelle
Dois-je le notifier sur ma fiche de gros-pots?
Messieurs les puristes et les ananas
J'ai la bitte molle et la main moite

Dois-je précisément le décrire
Au risque sinon d'être hors-la-noix sur le formulaire de justice
Délivré par Mesdam' vos consoeurs taupinièr' ou su'l'passeport d'mon pass'-temps
Dois-je le comptabiliser sur ma fiche signalétique

Au cas où la contagion serait universelle
Ou bien dois-je le reporter en haut
Sur le devis des gros dégâts
De la raie pue coite

––––––

La Marseillaise
ou
Elégie à l'armée, à la France, à son con, à mes verrues, à la Vérité, à mon acné, à ma chiasse et à toutes mes chaudes-pisses...

Avec tes armées de marlous à la p'tite semaine
Et tes généraux portes-faix à tête de pieds d'porcs
Et tes colonels avec leurs têtes de queues d'cheval
Et tes tanks qui vrombissent comme une envie de pisser

Avec tes armées qui ribaudent l'pouvoir comm' des put' aux bas d'laine
Sur un quelconq' trottoir de vieux port
D'Amsterdam d'Hambourg ou du Cap Canaveral
Et tes bazookas qu'urinent leur connerie comme s'y s'agissait d'un'envie d'chier

Avec tes armées de gavroches analphabètes dont les bott' traînent
Su' l'pavé d'nos gueules qu'y conduisent toutes raid' à la Mort
Et tes fusils de catins qui font leur carnaval

Comme des garces dans un tableau d'Ensor
T'es pas belle la France avec tes yeux cr'vés ton ventr' d'gardénal
Et tes doigts d'pouffiasse qui dans ton con s'entraînent

––––––

L'Accordéoniste malgré lui - Capitalism's Song

Ce matin il fait froid
Je vais faire la manche
Porte des Lilas
Et moi qui n'aime pas l'accordéon

Ce matin j'ai froid
Pour peu qu'j'calanche
Avant d'avoir pu jouer mes deux accords d'choubidou-ouah
Et moi qui n'aime pas l'accordéon

C'matin personne ne prête attention à moi
Pas d'chance
Faut p'êt' qu'j'change un peu d'coin histoir' d'voir quoi
Et moi qui n'aime pas l'accordéon

———

J'me casse, larirette

J'suis bourré de dettes
Et aucune copine super chouette
J'ai le cÿ ur dans mes chaussettes
Faut qu'j'me casse, tagnettes

J'ai la nouille en comète
Et j'ai mal à la tête
J'ai la rate qui s'contracte et l'ego qui s'embête
Faut qu'j'me casse, noisettes

J'ai le palpitant plein d'arêtes
Et aucun souvenir d'amourette
Le monde est tout pourri et tout blette
Faut qu'j'me casse, olette

J'ai perdu Martine et Odette
Ginette est en retard et la PMU n'est pas prête
Y'a les impôts qu'y veulent m'prendre ma cassette
Et p'is aussi la Patrie qu'appelle mes roupettes
Pour aller sauver ses écus là où qu'ça pète

Faut qu'je me casse, tête

———

Critique de The Brain

L'argent facile
C'est trois meufs sur le trottoir
Et les bagouzes aux doigts
Et moi en costard-cravate
Qui les deale aux plus offrants

L'argent facile
C'est des mecs qui font le trottoir
Et les bagouzes aux doigts
Et moi en string fantaisie serré dans la raie des fesses sous ma grande natte
Qui me deale aux plus offrants

L'argent facile
C'est la drogue derrière le bazar
Que l'on vend du bout des doigts
A des mignons qui te flattent
Pour un rayon de shit entre les dents

L'argent facile
C'est la belle vacance au bord de l'espoir
Avec des valets quand tu claques des doigts
Qui te servent en costume-cravate
Et te font des ronds de jambe et te sourient de toutes leurs dents

L'argent facile
C'est casser du youpin et du noir
Avec des winchesters colt et des brises-noix
Et se faire appeler Goliath
Ou Caïn avec les valseuses entre les dents

L'argent facile

C'est être boxeur avec les yeux au beurre noir
Et avoir ses affiches en porte-voix
Qui gueulent dans les rues de ta cité-dortoir ton jour et ta date
Avec ta gueule en rose entre les dents

L'argent facile
C'est être comique le samedi soir
A la télé des petits pois
Et de brandir son phallus exotique comme un Bédouin ses dattes
Mais toujours trouver vulgaire de dire du mal des ministres ou du président

L'argent facile
C'est être politicien jusqu'à la fente du peignoir
S'appeler Benouioui-Bitte-en-Bois
Et t'étirer des slogans comme le boulanger sa pâte
Ou le curé son latin presbytérien contre les cocos logo Satan

L'argent facile
C'est être con et Français moyen du matin jusques au soir
Et tout cela les jours ouvrables même à la Saint Pipempoix
Etre mécanicien ou diplomate
Et chercher à s'faire du blé par tous les moyens faute d'avoir un' bit'en argent

———

Omo

J'ai été interdit de chéquiers
Interdit de péter
Et interdit de roter
J'ai été interdit de voter

Interdit d'aimer
Et interdit de haïr
J'ai été interdit de ne pas interdire
J'ai été interdit de baiser

Interdit de chier
Et interdit de pisser
J'ai été interdit de penser

Interdit de rêver
Interdit d'élucubrer et interdit de pas être un enculé
J'ai été interdit de vomir et obligé de me blanchir

———

Solitude Folk

Bagnole
Pinard
Football
Nibards

O nous qui sommes d'antiques vieillards

Nous allongeant dans le lit de l'ennui
Nous couchant tôt nous levant tard
Cherchant sans trop y croire une amie

Bagnole
Pinard
Football
Nibards

O vous mystères intègres du destin
Sont-ce les dés de Sakuni ou la boule du hasard
Nos anciennes espérances sont taries
Au graal des lendemains

Bagnole
Pinard
Football
Nibards

Nous qui vivions nos rapides chemins
Cherchant à filer la course du vent
En ces rêves gamins
Nul ne sait qui perd ou vole-au-vent

Bagnole
Pinard
Football
Nibards

A quoi nous servent tant de chagrins
Repassant jusques aux trous jeûnant faute de liards
Cherchant le sou qui roule et la fille au zanzi
Mais dieu, las! N'est plus courage même en mes mains

Bagnole
Pinard
Football
Nibards

Bagnole
Pinard
Football
Nibards

———

"Quand tout le monde sera content"

Ah! Ce qu'on sera bien, c'qu'on s'ra heureux quand on sera tous pédés, antimilitaristes, bébés-phoques, athées, cocos, nègres, trisomiques, juifs, palestiniens, culs-de-jatte, apolitiques et impuissants...!!!

———

Portrait social du Con

Avec leur cerveau branché à l'égoût-collecteur
Et leurs puissantes automobiles analphabètes
Pensent-ils vraiment que le secret du bonheur
Ce soient deux corps inertes grillant une cigarette

Avec leur Patrie homicide
Et leurs vêpres cache-tampon
Croient-ils vraiment que leur dieu cent fois infanticide
Gît au fond d'un verre de Mâcon

Avec Abraham lobotomisé
Et Pétain blanchi à la soude caustique
Peuvent-ils seulement comptabiliser

Leurs morts héroïques
Avec leurs sacrifices inquisitoriaux et les taureaux du Dimanche tombés pour la France
Savent-ils encore combien de nègres leurs colonies gardent sur la conscience?

Portrait naturaliste du prolétariat vu d'en haut

V'là les punks et les loubards
Redescendus d'leur arbre
Avec leurs chaînes d'motards
Et leurs gueules tronchées au sabre

Les v'là saoulards
Cinq sur une meuf qui s'cabre
Et p'is qui la tronchent qui la démarbrent et qui la laissent su'l'trottoir
V'là c'te bande de morfals macabres

Qui font sa fête à une vieille pour deux sous et un peu d'pinard
Les v'là dans une bicoque qu'y délabrent
Rien qu'pour s'fendre leurs gueules de jobards
Ou les faire chier les bourgeois

P'is les v'là
Un beau jour aux ordres de quelque sergent connard
Qu'y r'vient du Tonkin ou b'en seul'ment du bar d'la Calabre
Le crâne rasé p't'êt' b'en qu'y finiront skins plombiers ou alors flicards

---

Merde l'O.

"Si tu veux jouer les maquisards
Va jouer plus loin j'ai ma bléno
Tu trouveras toujours d'autres fêtards
C'est si facile d'être un héros"
(H.F. Thiéfaine)

C'est facile d'être à gauche quand on est bourgeois
Regarde cette paysanne et c't'employée qui votent à droite
Il faut vivre parmi le prolétariat
Pour le haïr comme il se doit vois et prend date

C'est facile de voter à droite
Quand on ne connaît de la pauvreté que Lumumba ou le Nicaragua

Pour voter à droite chez nous c'est qu'il est trop riche le prolétariat
Et qu'ils sont cons les bourgeois

La politique c'est facile pour les oisifs et les lourbas
Vive la justice merde à la patrie
La police pourquoi pas merde aux Kakis

Merde à la milice et aux idéologies
Vive les idéaux vive l'utopie
Vive l'intelligence merde à la religion à Pascal Kempis
à tous les abrutis

———

Cirque

Warum
Ce singe déguisé en groom
Et ce lion en cage
Qui saute dans des cercles de feu

Porque
Ce phoque venu du froid qui jongle avec un ballon sous les sunlights
Et ce cheval dressé
Qui se trimballe sur deux pattes comme un homme

Pourquoi
Cet éléphant endimanché
Monté par de sinistres félins déséquilibrés
Dans les yeux desquels se lisent la lassitude et l'effroi

Mais Dieu c'est pour toi c'est pour eux
Tous ces humains idiots baveux qui applaudissent le Massacre et l'Esclavage
Un doigt dans le trou du cul

———

Simiesque analyse

Comme un animal en cage
Pris par la rage
De voir passer libres et repus ces humanoïdes en nage
Exténué par leurs gestes et leurs bavardages
A les regarder immobile comme une image
Obligé d'être sage
Quand on rêve d'un carnage

*

Qui est le singe
Du paisible bouffeur de bananes/ ou de gesti'culs lents
Hommes aux rires bruyants
Et à la tête décervelée, sans méninges

Hooverville

Une chaleur étouffante pèse sur la grande cité
Midi moins le quart sur les favelas
Les poubelles sont presque remplies jusqu'à l'as
Le ramassage est fini déjà d'autres saloperies sont entassées

Les graffitis et les tags parsèment les murs fatigués
Le silence entend battre le vent contre quelque carcasse
Rien ne bouge débris de verre et de glaces
Un chat solitaire se faufile dans une ruelle étroite et

Poussiéreuse l'ombre des toits immobiles s'est dressée
Sur le bitume dans la rue une voiture passe
Les traces sanglantes d'une rixe se mêlent à d'autres traces
Marques de pneus sur le goudron qui fond et d'un départ précipité

Des gosses en baskets se pointent et
Se mettent à fumer dans les cages d'escalier
Une vieille traîne son cabas des gosses s'embrassent
La vieille regarde par-dessus son épaule
Un type regarde dehors de sa terrasse

Le type fume la vieille se dépêche de rentrer
Un clochard bancal son antique sac à dos sur l'épaule
De son pas de minable limace
Retourne à son squat pont d'autoroute plein de tags il traînasse

En vingt ans rien n'a vraiment changé
Quelqu'un fait jouer à fond ses basses
Des mômes jouent sur le terrain vague où les emballages s'amassent
Odeur de pourri en vingt ans tout s'est plus ou moins abîmé

Un vendeur de crack en moto vient de se garer
Une fille s'approche de lui et l'enlace
Un attroupement s'est formé on voit passer les liasses
Le vendeur fait ronfler son moteur pour s'en aller

Quelqu'un allume sa télé derrière les rideaux tirés

Des gosses s'entraînent au football et se font des passes
Un couple sort ses courses du coffre de son AS
La grosse concierge ouvre les fenêtres de son guichet

L'odeur de bouffe remplit la cité
Les écoliers sans cartable rentrent pour déjeuner
En passant devant les locaux vides de la DASS
Quelque part on entend le bruit d'une bagnole qu'on fracasse

Le centre de loisirs reste fermé
Sombre et triste midi sur les favelas
Un jeune gars aux cheveux courts vient de rentrer
Pour son week-end de bidasse

Tout s'est soudain tu rien de capital dans l'ordre de nos péchés
Depuis le temps qu'on attend la fin de la crise n'est
Pas encore arrivée
Un ouvrier a sorti son casse-dalle sur un terrain de chantier
Que les caterpillars harassent

Les promoteurs construisent un nouvel HLM dégueulasse
Il pleut sur la poussière des favelas endormies et pressées
Une affiche politique à moitié décollée
Prend la crasse

Sur un panneau défoncé
Entre une pub pour Mac Donald et une autre pour 3615 ASTRES
Et une série d'affichettes autocollantes pour des
Sectes qu'on ne connaîtra jamais

———

"Guerillas urbaines"

Quand l'ombre surgie du naufrage
Fixe la lèpre verte de la guerre
Les hydrocarbures odorifèrent le carnage
Où se mêle la salive et la sciure des morts se repentant face contre terre

Les tubes d'acier raclent leur toux d'obus
Sur leur gorge boueuse de Gorgones médusées
Et sur leur lippe de monstres au rebus
Le pas des sabots d'artillerie clopinent une corde passée autour de leur cou usé

Les arbres flambés ne passent plus l'antique pont
Et leurs péchés s'égrugent en un long arpège de sang
Le long du ruisseau gelé les doigts crispés jettent leurs harpons

Sur la lessive iodée de leurs os évanescents
De diaphanes cloportes nagent dans le ciel nostalgique sans jupon
Au-dessus des trognes friponnes et éternellement ahuries des mille et des cents

―――――

Futur, Demain

Dans ces pigeonniers électriques
Avec ascenseur incorporé
Je délivre les derniers glaviots hypothalamés
Sur le pupitre démagnétisé de nos esprits en provisoire disfonction clinique

Observons le silence pratique
Exigé par la police et les curés
Dans ces cages de verre télé-surveillées
Réunions illicites - déviants éliminés par voie d'injection cyanhydrique

Dans nos cerveaux aux données tactiques
Mis en place par des monstres d'acier
Asocialité
Réprimée par l'armée et les flics

Nos ordres de pensée sont directement informés par la chronique

Et nos yeux sont les veilleurs de l'âme d'autrui que
Les films sur bandes-magnétiques
Déroulent à l'infini dans le silence vide jusqu'à en crever

———

Cythère bétonnée ("*Sous les pavés, la plage*")

Sous les cieux sombres et embrumés de Minuit
Qui s'avance caracolant sa chevauchée
Telle Hérodiade soufflant dans ses hélicons
L'arrivée de la Nuit sous les cieux de Lune

Blonde et sauvage alors Diane sort sous le buis
Du fleuve au limon vert cendre et caboché
Secrète Danaé aux longs cheveux couleur faucon
Sans hiérodule sous l'ombre de Fortune

Traînant son globe et sa bride sous le cou
Un croissant à la chevelure un hibou
Sur l'épaule sabbat dans les plaines de cailloux

Sabbat silencieux des sorcières traînes-égouts
Un hydrolat lacrymal lave/ Les cieux vert-chou :
Sous l'arbre tendronnier qui bave/ Vos caoutchoucs

O putains aux bottes de cuir et au souris
De Matrimoniae aux lèvres de débauchées
Sous le vit gonflé des hommes aux yeux-caleçons
Rictus effarés des hybrides anthumes

Sur le miroir du pavé où ton pas s'enfuit
Moderne Sabéenne dont les coups décochés
Font plus sur l'heure que celles parées pour Cupidon
Ta Sapience est tant grande que la brume

N'asservisse ton Destin au cÿur d'agave
A de demi-dieux-démons dont la seule affaire
Fut sans cesse de consigner ton nom de guerrière

Sur le plateau moisi de leurs autels de glaire
Ton sang leur est cher comme celui d'un brave
O triste Cypris prostituée loin de Cythère...

———

Eradication - Le Triomphe de la Mort an 6 avant 2000
(ou Jalousie divine)

Rage! La Nuit encore traîne sa cavalcade
Sous ses cieux étoilés de jeune amazone
Mais déjà sortant des égouts les dieux polyades
Entrent dans la cité en bordure de zone

Courage, mon ami! Tes longues aubades

Apotropaïques pour éloigner les clones
Stellaires des autoroutes si maussades
Ont fait lâcher son grand mors comme une aumône

A cette vieille pourrie de Némésis borgne
Aux pieds d'oie lépreuse et aux oreilles crades
Et le chant monte de tes désirs aphones

Faisant tinter les clairons battre la chamade
Vers le saint des saints des dieux sans sonotone
Mais les voici qui viennent déjà nous battre

———

Pauvre Pancho

Il a encore plu bon sang ce qu'il peut faire chaud
Une mouche me gratte le nez
Le mur d'en face va bien finir par s'effondrer
A force de le regarder

Et sous les coups du soleil qui tape
A coups redoublés sur moi pauvre Pancho
Le chien qui s'est levé et se gratte la peau
Essaie de me réveiller et me lape

Tiens c'est bête mais ce matin je crois qu'il va faire chaud
Les mangues mûres vont tomber et venir s'écraser
Sur la rue chaude et brûlante de cet éternel été
Le soleil me brûle les os pauvres vieux os

Je suis trop vieux à présent
Pour faire le moindre mouvement
La mouche qui essaie de me rentrer
Dans le lobe de l'oreille n'arrête pas de bourdonner

Les cloches du clocher vont bientôt sonner
Midi ou bien quatre heures de l'après-midi y pico
J'ai vu passer une muchacha et un picaro
Una manzana en la mano

Mais que voulez-vous que je vous dise
Moi je n'ai rien vu de la milice
Ni entendu le bruit pesant de leurs bottes pauvre Pancho
Sur l'asphalte mouillée

Ni le sifflement des balles contre le mur troué
Que souillent encore les traces de sang
D'un taureau ou d'un Indien
Qui sait - moi je somnolais

———

Prisons

Enfermé dehors
Je glande dans ma vie
Sur le banc sans effort
J'endors mes envies
Mes pieds se balancent
Sur un océan de graviers
Et dans le vide s'élancent
Vers le ciel clôturé
Sur la planisphère de la terre
Est inscrit "*pelouse interdite*"
J'attends de mon ver
Qu'il me mette en orbite
Hölderlin ne connaît plus d'Athens
Que le pénitencier
Derrière les barreaux les gardiens dans leurs chaînes
Décomptent les morts que nous avons enterrés
Sur leurs tombes faut lever nos verres et trinquer
Car ce soir les drapeaux sont tombés
Mais l'Espoir est aviné
Moi j'voudrais bien m'faire une chanteuse à la voix saoule et rauque
Une chanteuse à la voix soul et rock
Qui m'chanterait
Des chansons pour pleurer
Marie, mit wir Lili Marlen
Wen die soldaten
Der Trommermann etc.
Warum
Mein Darum
Etc.
Rub
A dub
J'écris
Ma lie
Foutez-moi la paix avec vos croix vos croissants et vos étoiles
Une soir la lune fatiguée
D'attendre le matin
Une étoile accrochée au cul s'mit à avancer en crabe à vapeur et à voiles
Au-dessus de la mer agitée
Quand chu le soleil l'étreint
Et tous deux se sont pendus
Faudrait qu'je me défroque
Pour une strip de cabaret
Qui s'déloque
Assise à l'envers sur un tabouret
Chapeau claque et bas résilles
Dis-moi ma bille
Une croix ça sert à planter des clous
Mithra est mort avant Jézou
Quand on y pense c'est fu
C'est vrai qu'la Marseille à Strasbourg
Comme à Tunis ça craint un peu c'est un peu lourd
Ami entends-tu le corbeau sur nos plaines?
Ca fait des morts pour la Nation
P'is comme l'Haïk c'est d'la tradition
Maurras dans les pas de Daudet et Bruno navre Verlaine

France
Not' déshérence

————

Le Gros rond dindon

Zézette est au chômage
Et pourquoi Zézette est au chômage?
Parce que Zézette est une conne
Et pourquoi Zézette est une conne?
Parce qu'elle n'est pas la fille d'un riche propriétaire terrien
Et pourquoi n'est-elle pas la fille d'un riche propriétaire terrien?

Plumitif

Mohamed est au chômage
Et pourquoi Mohamed est au chômage?
Parce que Mohamed n'est pas chrétien
Et pourquoi Mohamed n'est pas chrétien?
Parce qu'il n'est pas le fils d'une riche bourgeoise bretonne
Et pourquoi n'est-il pas le fils d'une riche bourgeoise bretonne?

Plumitif

Mon père a trop de dettes pour son âge
Et pourquoi mon père a-t-il trop de dettes pour son âge?
Parce que mon père n'est pas Ministre de nos Biens
Et pourquoi mon père n'est-il pas Ministre de nos Biens?
Parce qu'il n'a encor tué personne
Et pourquoi n'a-t-il encor tué personne?

Plumitif

On m'a rangé dans un garage
Et pourquoi m'a-t-on rangé dans un garage?
Parce que je ne suis pas aphone
Et pourquoi ne suis-je pas aphone?
Parce que la Grosse Commission Pubique ne m'a pas encor cassé les reins
Et pourquoi la Grosse Commission Pubique ne m'a-t-elle pas encor cassé les reins?

Plumitif

Paraît que quelque part un Minotaure nègre fait des ravages
Et pourquoi quelque part un Minotaure nègre fait-il des ravages?
Parce que les gens frissonnent et ronchonnent
Et pourquoi les gens frissonnent et ronchonnent?
Parce que leurs monarques retz-puent-biques-hein leur ont dit qu'il fallait faire des sacrifices pour qu'ils puissent se gaver au grain
Et pourquoi leurs monarques retz-puent-biques-hein leur ont-ils dit qu'il fallait faire des sacrifices pour qu'ils puissent se gaver au grain?

Sanglant plumitif

————

Aujourd'hui messieurs les bourgeois
Que l'ALP est exclusivement réservée aux fils de ministres
Ne resterait-il donc aux pauvres que le stupre et le luxe

Aujourd'hui messieurs les bourgeois
Que le RMI est exclusivement réservé aux fils de ministres
Ne resterait-il donc aux pauvres que le stupre et le luxe

Aujourd'hui messieurs les bourgeois
Que le SMIC est exclusivement réservé aux fils de ministres
Ne resterait-il donc aux pauvres que le stupre et le luxe

Aujourd'hui messieurs les bourgeois
Que les ASSEDIC sont exclusivement réservées aux fils de ministres
Ne resterait-il donc aux pauvres que le stupre et le luxe

Aujourd'hui messieurs les bourgeois
Que la Sécurité Sociale est exclusivement réservée aux fils de ministres
Ne resterait-il donc aux pauvres que le stupre et le luxe

O Euryale ô dites-moi donc messieurs les grands bourgeois
Et vous aussi messieurs les députés les sénateurs quand icelle votre sombre et sinistre
Elégie transformera en votre vie de Princes crémants celle pauvre de nous autres TUC

———

Marcus Curtius Song

O vous Ministres de ma Trique
Mirez vous dans vos ischions catroptiques
L'Ancien Caton déjà maudissait votre lucre et toute sa clique
Mais dites moi nous avons vécu ce que vivent les fleurs

Si un jour en vos splendides Républiques
Où brillent en parades auliques
L'or l'encens et la myrrhe Lesbie l'Antique
Vous visite je sais bien moi qu'elle elle versera un et cent pleurs

Quelles terrasses mythiques
Quels Jardins aux huiles cyniques
Viennent prendre ombrage d'un Christ maquillé pour 6 heures
Quand près Néron voici Sénèque le stoïque

Chacun plie au joug de ses rois excentriques
Caverneux cénobites ou politiques
Qu'il soit diplomate en Espagne ou Mercenaire en Afrique
Mais j'apprends ce soir que Coclès chut en l'inferneuse terreur

———

Plus à vendre - West Point Joint's Song

Mes yeux coulent sur mon visage
Dites aux représentants de la Loi de la Foi
Dites aux curés aux pasteurs
Aux imâms aux rabbins aux sectateurs
Que mon âme n'est plus à vendre
Que mon âme n'est plus à vendre

Mes yeux coulent sur mon visage
Dites aux députés aux ministres
Aux présidentiables aux élus à tous les candidats
Que mon âme n'est plus à vendre

Dites aux représentants de la Loi de la Foi
Dites bien aux nazis aux fascistes aux chasseurs
A tous les néos de quelque chose à tous ces représentants de la morale
Que mon âme n'est plus à vendre

Dites aux représentants de la Loi de la Foi

Dites à tous les marchands
A ceux du temple à ceux du bonheur
Que mon âme n'est plus à vendre

Dites aux représentants de la Loi de la Foi
Surtout dites bien à tous ces gens là
Ces gens là-oh oui surtout dites leur bien à tous ceux là
Que mon âme n'est plus à vendre

Mes yeux coulent sur mon visage
Que mon âme n'est plus à vendre
Mes yeux coulent sur mon visage
Alors que mon âme n'est plus à vendre

———

Justice sans dents

Justice imparfaite
Selon que vous serez Mandrin ou Charette
Justice aux pendus ta guillotine guillerette
Le passé s'entête

Tes juges aujourd'hui entrent en politique
Et tes baveux iniques
Ne s'engagent pas sans gages
Selon que vous serez Dreyfus ou Drieux

On vous commettra d'office
Ou pas
Entre tes huissiers inocybes et les avocats-cestodes
Madame l'aveugle Justice

Je trouve moi
Pauvre parmi les misérables
Que sous ton bandeau ta balance est devenue bien dioptre

Que vous soyez honnête ou ministre

On vous jugera plus ou moins sage
Tes ministères aux dents plus grandes que la chique
Aux crosses jaunes et Saramâ
Ma Justice de ministères

Ministères immaculés ammoniaqués sans fautes et parfaits
Ministres a-*sid*-iques
Mises à pied arbitraires
Selon que vous serez Dreyfus

Ou Fabius
Yama se transformera en Yima
Ma petite reine aux épaules de serpent
Ma Gorgone je t'attends et t'imagine t'ophéli-ant

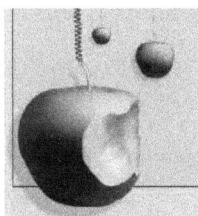

Ma petite Justice aveugle
Ecoute un peu ta cour qui beugle
Moi pauvre justiciable
Parmi les misérables

Enfermé dans tes cellules de béton
Assoupi sous tes tortures et les électrochocs
Prisonnier
De ta trotéiforme allégeance lictoria nazi-sque politique

Je suis Gandhi Dreyfus Callas et Wilde nu

———

Contine franco-teutone aux pâles aulnes

Nos chers députés en bains de sièges
Conservateurs ou travaillistes
Sont moins travailleurs que conservatistes

Malbork

J'me cocalise
Pendant qu'y s'socialisent
Entre caviar et p'tit' pépés ensemb' beige

O Malbork

Geishas et *Scènes de Managers*
Sombres calamités grandes traîtrises

Et le cours de l'Histoire pour poser dessus nos monuments commémoratifs

Malbork

Et puis le cours de la vie au fil de mille sièges
Voyez nos guerres fratricides
Voyez nos maîtres-Cakravartins

O Malbork

De la roue à la question de la question aux armures bistres
Nos chevaliers violeront-ils encor nos femmes dites nous donc ô St Jean-Baptiste
Sous de sanglants clairs de lunes ici ou bien alors à Maubeuges

Malbork

Mais que nous importe Dieu dans la famine
Mais que nous valent les Rois dans leurs fidéistes incendies
Livres brûlés autodafés 451-452 Farenheit

O Malbork
O Malbork
O Malbork

————

Bucéphales baveux -
La chanson des condamnés pour rien, pour politique

Corps calleux de la Justice
De gitons clercs
Tendres et diserts
S'accotent à son giron sans malice

Corps calleux de la Justice
D'évhéméristes juges
Imaginent que Calliope en pite et blanche toge
Se purge et s'euménide pour une assemblée de borbons juristes

Corps calleux de la Justice
Processifs ou quérulents questeurs
En faux mandrins-livres de droit s'excitent s'abîment et se fistent

Corps calleux de la Justice
Vernix caseosa voïvodes
Sombres magistrats voceros de
Lents et aphatiques vocatifs

Corps caleurs de la Justice
Baveux suppôts du gang de la police
Comptant leur quote-part sous l'Iscariote pelisse
Accusateurs anti-dreyfusards conservateurs révisionnistes ou assassins du Christ

————

O ministres intègres!
Conseillers vertueux! voilà votre façon
De servir, serviteurs qui pillez la maison!
Donc vous n'avez pas honte et vous choisissez l'heure,
L'heure sombre où l'Espagne agonisante pleure!
Donc vous n'avez ici pas d'autres intérêts
Que d'emplir vos poches et vous enfuir après!
Soyez flétris, devant votre pays qui tombe,
Fossoyeurs qui venez le voler dans sa tombe!

Voici donc, politique de nègres
Dirigée par la pègre en cette France où l'Etat vaut plus que la Nation!
Serviteurs infects qui régnez sans raison
Dans le vol et la terreur
Dans le stupre et inique l'erreur,
Vous n'avez donc ici pas d'autre intérêt
Que la soif de l'argent et le goût de l'apprêt!
Et payant par la bombe
Vos fanfreluches lesquelles exhibez sur nos tombes,
Ministres allègres
Serviteurs marrons
Vous folâtrez en sessions
Et ne cessez d'écraser sous le labeur
Nos corps en sueur devant votre asile de chômeurs
Gardés par vos sbires en bérets,
Qui, jusqu'en Afrique, vont jeter leurs traits
O génocides Cambronne, prêtres d'Ammon
Ca y est donc je l'entends cet appel de la Patrie, et les cons sonnent!

———

Extase nucléaire

Le bonheur, le bonheur est l'expression périmée
De l'*ego* individuel en butte à la société.
L'insouciance est le bonheur réclamé
Par le peuple aux mains ensanglantées
Par la préséance de l'*ego* individuel
Sur la notion d'Histoire et ses séquelles.
Le travail, le travail est recommandé
Par l'instance dirigeante des partis unifiés,
Pour le bien du peuple et sa moralité.
La prière est le support dérivé
De la permanence de l'Etat en chacun de nous.
Tout déviant doit être traité comme fou
Et condamné en conséquence
A l'élimination complète de son corps en multi-médiance;
Le procès, pour être exemplaire,
Devra être public et commenté dans l'esprit réglementaire
Par des journalistes validés
A cet effet.

Le bonheur, le bonheur doit être le but final,

Il doit se situer entre l'usine et l'élément familial,
Attendu que la famille
Devra former le noyau dur de l'éducation de nos pupilles,
Tous les enfants devront donc reconnaître dans l'ordre,
Pour uniques sources et constituantes de leur être propre,
Et ceci en parfaite conformité avec les préceptes de la Très Sainte Bible,
De l'ensemble des religions en général et en particulier du Code Civil à l'usage collectif :
1° Leur mère :
La maternité étant, en effet, la forme supérieure de l'Espoir national,
Et l'Espoir l'élément indispensable à la Foi, la Foi étant seule garante de la bonne morale;
2° Leur père;
3° Le travail :
Source de profit et de libération de nos corps qui sans cesse nous tiraillent;
4° Enfin la Patrie.

Cette classification, cela va sans dire,
Doit être apprise comme *la* progression logique
De la Vie
- La Famille, chaque mère donnant *charnellement* l'existence à ses petits -
Vers la pleine et entière Vie de l'Esprit
- Qui nous est donnée par Notre Très Sainte *Mère*-Patrie
En qui tous nous nous identifions
Ainsi que nous l'expliquent nos Grands Philosophes, férus de Religion -.
C'est pourquoi par conséquent, tout citoyen devra reconnaître en la milice
L'expression de la force céleste, qui lui assure tranquillité et justice;
Toute collaboration avec celle-ci sera payée son prix,
Mais, attendu encore qu'il s'agit là du premier de tous les devoirs civiques,
- Et du plus important -,
La collaboration étant une marque irréfutable de reconnaissance envers votre
Etat bienfaisant,
Toute résistance sera punie,
Et le contrevenant placé au pilori
En place publique.

La phase terminale du bonheur doivent être les congés payés
Et la retraite méritée;
Son moyen doit être le service de la Nation.
Tout réfractaire sera puni par l'exclusion,
La perte de l'ensemble de ses droits, de sa nationalité,
L'exil et devra aussitôt être excommunié.
Les caméras de surveillance
Installées dans chaque habitat

Doivent favoriser l'expansion démographique de nos Etats
Et éviter tout conglomérat familial ou associatif qui conduirait à la
déviance.
Toute différence doit être suspecte
Et déclarée par voie anonyme aux plus hautes instances en tant que sectes;
Il est intolérable de penser que le bonheur de chacun
Au sein de la collectivité puisse être réduit à rien
Par des idées politiques
Illicites et anarchiques.

L'anarchisme est d'un monde révolu,
Il garde en lui toutes les traces de la barbarie et de ses abus;
La démocratie parlementaire doit rester notre seul espoir,
Notre code et notre devoir.
Le cas échéant, la guerre sera l'aboutissement logique du service militaire,
Et servira à transcender votre bonheur en extase nucléaire.

———

Erections pestilentielles

Nous sommes aujourd'hui
De grands groupes multiraciaux
Notre conception du bonheur suit
Les courbes de ratios
Des micro-puces poly- saturées des grands ordinateurs centraux
Qui nous indiquent heure par heure les côtes dégressives
De la matière première
Par rapport aux multiples bénéfices
De nos démocraties bananières
Au nord des hémisphères
Nous concevons l'argent
Comme une monnaie d'échange
Et l'échange
Comme un agio une plus-value dans le temps
Selon le rapport du travail des salariés
Au profit de l'ensemble des organismes gestionnaires de la société
Nous construisons des prisons
A but éducatif
Et des ensembles en béton
A but récréatif
Nous envisageons aussi
Dans un proche avenir
D'y adjoindre gazon
Réverbères et supermarchés avec néons
Voie d'accès par l'autoroute parking
Pizzeria gril garderie
Pour les enfants en bas âge
Nous bâtirons tout ceci
Entre la place de la Mairie
Et le bac à sable
Et dans la grande salle de la Mairie
Nous pensons construire
Ou plutôt ériger une salle de meeting
Avec gradins micros

Ecran noir et projection de diapos
Et devant la Mairie sur la place
Au milieu des bancs et de leur parterre
Pour mettre la touche finale à tant d'audace
Et de novation
Pour en finir en beauté
Au nom du peuple tout entier
Nous érigerons
Une statue de marbre et de boulons
A notre bien-aimé et clairvoyant Député-Maire
Notre politique
Est l'engagement de chaque individu dans le groupe
Nous voulons mettre en place des bases saines pour une société
Sans crime et sans stupre
C'est pourquoi notre politique
Basée sur les valeurs fondamentales
De la Famille de la Loi
Et de l'Etat
Prônera la peine de mort comme exemple social
Pour punir les criminels violeurs et assassins en tous genres
De plus notre société ne pouvant subvenir aux besoins
Des étrangers par ailleurs souvent délinquants
Leur rapatriement
Sera voté très prochainement

Et tout un groupe  de charters
Leur sera gracieusement offert
Afin qu'ils quittent le plus rapidement possible
Notre contrée de liberté et fraternité
Notre but en faisant cela est en effet
De ne pas les laisser dans une situation de précarité
Insupportable à toute âme charitable
C'est donc par compassion

On le comprendra que nous avons décidé d'un commun accord
Et de manière unilatérale
De réserver l'emploi aux ressortissants d'origine nationale
Cependant comme il va de soi qu'il ne seront pas assez nombreux
Pour subvenir à l'entretien des édifices publics et des corps
D'administration nécessaires à la bonne marche de
La société ainsi qu'au maintien de l'ordre
Notre politique
Avant tout patriotique
Se veut résolument nataliste
Ainsi les gazons publics
Pourront servir de terrain de pique-nique
Cependant afin d'éviter
Le vieillissement anticipé de la population
Auquel jour après jour nous assistons
Ainsi que la chute subséquente de la natalité
Et par conséquent celle de la croissance
Les femmes enceintes seront les premières sur nos listes
D'allocations sociales
Mais pour proclamer contre tous les intégrismes
Leur droit à leur corps nous instituons
L'IVG comme loi d'interruption fÿ tal
A contrario la société

Ne pouvait se résoudre à garder
En son sein maternel des brebis galeuses
Le suicide et l'euthanasie sont déclarés
Crimes contre l'humanité
Nos associations de morale
Se chargeront d'en rendre toute la nudité honteuse
Nos salles d'abattoirs
Attesteront si besoin en était
De la décence et de toute l'humanité
Que nos bouchers apportent à leur travail
Des vidéos pédagogiques
Sur la manière de découper la viande vivante au hachoir
Et à la moulinette seront données aux enfants
Désirant
Approfondir leurs TP biologiques
Sur les nerfs de la grenouille
Notre intérêt pour la prospection et les fouilles
Et plus généralement pour la faune et la flore
De nos régions
Ira jusqu'à enclore
Dans de somptueux parcs naturels
Zèbres gazelles
Antilopes ou bien encore lions
Des vétérinaires seront désignés
Pour soigner grippes et rhumatismes éventuels
Que pourrait occasionner la trop grande rudesse de nos climats
Sur ces animaux d'Afrique
Cependant nos parcs d'attraction
Doivent permettre à toute famille de l'électorat
D'oublier la dureté de sa situation
En lançant des cacahuètes aux babouins
Notre intérêt au bien-être de nos concitoyens
Et à la diversité des produits de nos régions
Ainsi qu'aux questions d'écologie
Nous amène à instaurer dans tout le pays
Une milice
De gardes-chasse entièrement constituée de chasseurs
Pour protéger et à défaut prévenir
Le développement des espèces sauvages
Une police
De quartiers entièrement constituée de pères
De famille catholiques pratiquants et anciens militaires
Ceci afin de ne pas laisser
Sur le pavé
Des hommes qui ont donné leur vie
Pour notre Patrie
Et ses valeurs
Quant à la question délicate du chômage
Nous répondrons que qui veut travailler
Trouve toujours chaussure à son pied
Ainsi
Sous notre gouvernement
Interdisons-nous fermement
Que les étudiants
Et les laissés pour compte visiblement

Incapables de s'intégrer jusqu'ici
Viennent piller les caisses de l'Etat
Et afin de rétablir les finances publiques
Nous avons décidé là encore unilatéralement
D'augmenter les impôts et cotisations
Et de baisser les remboursements
En ce qui concerne l'éducation publique
Afin de respecter le pluralisme
Nous avons décidé que chaque citoyen
Au nom de la gratuité de l'enseignement
Devra verser pour l'enseignement privé
Une côte-part sur ses propres biens
Afin de ne pas hypothéquer
La liberté du catholicisme
A l'infâme laïcité
Cependant d'une manière plus générale
Nous déconseillons les études longues
Et préférerions que les enfants de familles libérales
Ainsi que ceux issus de milieux populaires ou immigrés
Choisissent les filières techniques et les IUT
Les plus utiles au bon développement de notre économie
Et qui nous semblent donc en l'occurrence *ad hoc*
Afin de développer la capacité productive nominale
Des entreprises
La majorité
Sera ramenée à quatorze ans pour le travail
Mais afin de préserver la bonne moralité
Elle sera de vingt et un ans
Seulement
Pour tout ce qui concerne la sexualité
Pour ne pas ralentir la productivité du travail
Nous interdisons la maladie et la vieillesse
Au nom de l'égalité des sexes
Les femmes pourront prétendre au travail
Mais pour protéger la famille
Toute mère de trois enfants
Pourra prétendre à un emploi à plein temps
Au sein de l'administration ou de l'entreprise
En tant qu'avenir de l'homme
Elle n'aura pas à se conformer aux lois du Service
National
En tant que compagne de l'homme
Elle lui devra respect et obéissance
Le *Pater Familias*
Aura comme il se doit droit de vie et de mort
Sur elle et sa descendance
Pour préserver la paix et la liberté des peuples
Nous avons décidé de fermer nos frontières
Et de punir de mort
Tout contrevenant amené par la famine ou la guerre
Peu importent ses motifs ou les dangers de son périple
Il ne peut sérieusement prétendre être innocent
Des génocides commis dans son pays
Par son gouvernement
Il en est personnellement

Et collectivement
Avec ses compatriote responsable et accusé d'avance
La loi du sang
Est notre autodafé
Ainsi à sa majorité
Tout enfant
D'immigré
Devra faire demande de nationalité
Ceci dans un but bien légitime
De protection contre le crime
Car comme nous l'avons précédemment fait noté
Tout descendant d'immigré est un potentiel délinquant
Mais aussi dans un but d'intégration
Et afin de prouver que notre Etat sait être magnanime
Notre but est avant tout égalitaire
Cependant tout immigré et tout mendiant
N'aura de titre de séjour dans notre cité
Que temporaire
Nous instaurerons à l'école l'acte de contrition
Devant le drapeau ainsi qu'un chant
Approprié à cette action
De grâce que les maîtres d'école devront faire répéter
A leur classe chaque matinée
Ou mieux *ad libitum* à chaque début de cours
Comme preuve d'amour
Et de fraternité
Entre les peuples et les hommes de bonne volonté
Les étudiants n'auront aucun droit
A prétendre aux aides sociales de l'Etat
Ceci afin d'éviter toute dépense inutile
A contrario les apprentis et les manuels
Qui forment la force vive de notre programme d'éducation
Et de normalisation
Se verront automatiquement attribuer un fonds
Ils devront en contre-partie se former en stages
Et suivre les CDI habituels
Afin de ne pas encombrer les statistiques du chômage
Et de ne pas laisser la population
Se délecter dans une inquiétude morbide futile
Et parfaitement inutile
En vue de réduire les dépenses de l'Etat
Son budget étant désormais réservé au logement des familles
De ses plus hauts représentants
Dans un souci de représentation bien compréhensible
Face à nos pays amis
Les jeunes gens devront effectuer gratuitement
Deux ans de service civil
Pour rendre grâce à notre belle Providence
D'être aussi leur Etat
En attendant l'utilisation systématique et raisonnée
DE l'IVG
Des hospices seront créés pour les vieux
Les déficients mentaux et physiques
Les déviants les pervers sociaux et politiques
Les suicidaires les intellectuels les individualistes

Les pessimistes
Et les anxieux
Le monde est beau
L'avenir est à nous
Dieu reconnaîtra les siens
Pourvu qu'ils servent les desseins
Particuliers
De nos institutions
Avec tout le zèle qu'on peut
Raisonnablement
Attendre d'eux
Nous devons avancer le front haut
Vers les lendemains qui chantent
Vers ce septième ciel ce *noüs*
Qu'est notre promesse d'avenir
La Nation toute grande
Doit y participer
Nous instaurerons ainsi de multiples fêtes
Exercices de palestre football tennis
Et autres divertissements physiques
Du même type
Au printemps et en été
Ainsi que de grandes soirées
A la télévision de grandes finales de jeux
De grands téléthons afin de garder soudé
L'esprit collectif autour de grandes causes humanitaires
Sponsorisées par nos départements ministériels
De l'Information de la Jeunesse et des Sports
Et autour d'une conscience accrue d'appartenance
Au groupe ville village hameau ou cité
Il faut renforcer le contrat social
Entre les hommes et les femmes
Tout ceci n'est pas peu
Nous devons pleurer et nous devons rire
Exprimer nos sentiments collectifs et individuels
Nos sentiments individuels
Dans la collectivité
Nos sentiments doivent s'exacerber
Dans ces manifestations sensationnelles
De joie collective et de sains transports
Les jeux et les sports
Devront être la liaison
Permanente entre les générations
La beauté des corps
Le plaisir des jeux de groupes
Mis en exergue à travers les jeux de mots
Et ceux de rôles
De la télévision et de la radio
Assureront avec l'information
La liaison permanente entre les différents groupes
Sociaux et culturels
Grâce à notre programme institutionnel bénévole
D'aide et d'éducation permanentes
Notre programme est résolument moderne patriotique
Nationaliste naturaliste naturel vrai

Franc authentique
Social éducatif et politique
Pour une nation plus forte plus belle

Pour une nation plus unie plus consensuelle
Pour une nation plus GRANDE
Nous aurons à cÿ ur car cela est stratégiquement plus sage
De nous adresser à toutes les classes d'âge
Nous parlerons jeune aux jeunes
Nous parlerons en un langage soutenu soucieux du verbe et
De la syntaxe aux vieillards cacochymes
Pourvu qu'ils soient encore en âge de voter
Nous sommes le pays de la liberté et des droits de l'homme

———

Futur Objectif

Version 2001 de la solitude
Le vaisseau de 3° classe tente d'atterrir sur le 3° soleil mort
Mais dans l'air rouge les poussières solides s'encroûtent
Contre ses réacteurs atomiques alors ouvrant ses sabords
Et lâchant dans l'espace ses marchandises ses slems son or
Dans l'espace noir et l'immobile infinitude
Sur une quelconque colline que les bulldozers dénudent
Dans un ultime effort
Le navire inter-galactique s'écroule
En un fracas de fer et d'os

Version 2001 de la solitude
Et pendant que les voyants lumineux décodent
Toujours dans une sorte d'inlassable hébétude
Mécanique les informations de l'ordinateur de bord
Détruit dont les pôles et les circuits électroniques morts
Balbutient encor dans le magma perpétuel du black-out
Les scientifiques d'Etat des organismes d'étude
Et les premiers secours
Accourent en masse pour faire le décompte
Des pales cassées des retors hardcores

Et des circuits encor
En état de marche voici le prélude
A l'arrivée des premières forces de l'US Corps
Version 2001 de la solitude

Sur les lieux du crash les badauds se sont attroupés en hordes
Pour voir le vaisseau spatial reposer sur son tribord
Les premières missions médicales et les renforts
S'engouffrant dans son aile disloquée sur le bord de la route
Qui progressent maintenant en quinconces serrés et en ordre
militaire s'approchent lentement dans le ballet multicolore

Des sirènes silencieuses des phares et des codes
Mais trop tard
Sous les reflets irisés de la terre qui mutent
Au rythme du cyclique effort

Des lunes et soleils alternatifs s'étalant sur la voûte du soir
Les morceaux de l'équipage mort
Jonchent les parterres de fleurs
Les gaz des turbines auto-motrices à moitié kaputts
Lâchent leurs derniers rots au nez de l'insouciante mégapole
Ultime souvenir du vacarme de la fatale chute

Impossible à présent dans la sanglante mêlée des corps
De distinguer les vivants des morts
Mais personne ne s'en soucie déjà plus on a l'habitude
Le soupir malade du moteur intergalactique aux puissants rotors
N'arrive pas à couvrir les bruits renaissants de la rue

———

Sans rimes

La France je ne sais pas ce que c'est Monsieur
C'est de l'autre côté des frontières du pays du rêve
C'est un truc qu'on m'a fait rêver à l'école
Quand j'avais dix ans
Mais la France Monsieur
Elle m'a abandonné
Sauf quand il a fallu faire la guerre
Elle est venu me chercher
Là elle a bien su le faire
Jusque dans mon taudis minable
Sous ma poubelle de moderne Diogène
Malheureusement ça si involontaire
Alors la France qu'est-ce que c'est pour moi
Qu'est-ce qu'elle a fait pour moi
Elle n'a jamais rien fait pour moi la France
Elle m'a quitté quand je l'ai embrassée
Dans le lit de mes amours
Elle est partie d'entre mes bras
Quand j'ai voulu lui faire l'amour à ma France
Elle est retournée sur les quais du vieux port
Hêler les marins qui passent

Et les milords pressés
Elle s'est endormie dans les bras de Zitrone
Et elle est morte dans ceux de la démocratie représentative

———

Mises carrées - (Nothing down)

La Révolution
Tourne en rond
Dans mon verre
Quel typhon
Quelle tempête sauront
M'envoyer par terre
Notre système bidon

Pleure gras et ronchon
Et peu à peu nous enserre nous enterre

La Révolution
Tourne tourne en rond
Dans mon verre
Quel vaisseau quelle saison
Nous emporteront
Par-delà les grattes-ciel de fer
Quel matelot quel héron
M'emmèneront
Par-dessus les buildings qui nous cachent la terre
Le ciel marron
S'oxyde sale oeilleton
"*La voilà la blanche hermine*" qu'on vermifuge
Et qu'on emporte
Sur le dos de quelque trop vieille rombière
Qu'importe
Morts à jamais leptons ou muons sont les lépidodendrons

———

Hymne Communiste

Un jour Ivan Illich
Vit des hommes se lever à l'Est
Et la terre s'effondrer

Rouge comme le sang des vignobles impurs
Et Dieu se réveillait derrière le jardin d'Israël
Mais il était déjà mort depuis un demi siècle

Un jour Ivan Illich
Vit une pierre lancée vers l'Ouest
Et le ciel s'abîmer

Rouge comme les champs de labour
Et dans les vignes du Dieu mort la colère des gens d'Hel
Et pêle-mêle - vieux Potemkine - le cri des autres hommes qui se tacle

———

Tirade pour un honneur déchu

Malika
Tu pleures sur Leningrad
Tu entends tes derniers camarades
Revenir de la perspective Nevski ivres de vodka

Malika
Les violons jouent leur aubade
Tu entends les cris les rires et les chants claquer et trinquer par rasades
Dans ses anciens jours de gloire où les vieux moujiks racontaient leurs croisades
Mais aujourd'hui seuls les pigeons font les cent pas

Devant la boutique de ce juif de Mayence ou d'Odessa
Cordelier écrivain publique ou revendeur de pommade
Qu'était-il déjà

Mais ce soir Malika
En écoutant la neige tomber sur les isbas
Malika tu en es venue à verser une larme pour Stalingrad...

———————

Pavés

Pavés
Mai 68
Les pavés tu les prends dans ta gueule
Ingrate Patrie tu n'auras pas mes os

T'es qu'un lampiste
Un lampiste à la fête à Neuneu
Le bal à la police
Pavés

Faut croire qu'tu coures plus assez vite
C'est pas qu'tu sois veule
Mais mon pauv'poulbot
Faut bien aller au boulot

Et ma'tenant putain ma pauvre petite turlutineuse

Consciencieuse
Sans cesse à la tâche
Mais putain ma'tenant ça t'fout des chistes
Aux ischions d'turbiner sans relâche

Pour les *Ministres intègres, conseillers vertueux*
A présent qu'tu vis ta vie
Sur les Mont-Valérien de l'ennui
T'as mêm' plus un seul vice

———————

Nuit

Soixante huit et des bougies
J'me roule un p'tit pèt'
Ft je le regarde s'envoler
Vers le grand nénuphar qui marche en crabe là-haut

Soixante-huit a des caries
La mer n'a plus de crêtes
Que les inflorescences violées
D'une femme ouverte en crabe là-haut

Soixante-huit et des conneries
Leur morale est pleine d'arêtes
Comme un biberon gavé
Vers le grand nénuphar qui marche en crabe là-haut

Soixante-huit et des brouettes

Ca fait longtemps que j'ai pas autant ri
Y manque plus qu'mon ex et ses trois maris
Pour voir Jésus-Christ sur son radiateur descendre en crabe de son lotus là-haut

———

Tendre comme le souvenir

Aujourd'hui je me souviens des jours anciens
De nos folles espérances et de nos rires
De nos campagnes dans les lavandes et le thym
De mes après-midi de lecture sans sortir
Et de mes riches illusions qui plus tard devaient s'évanouir
Mais que je faisais vivre
Dans les parcs au bord de l'eau qui nous s'étire
Lors de charmantes parties de campagne entre cousins
Tendre comme le souvenir
Aujourd'hui je me souviens des jours anciens

Aujourd'hui je me souviens des jours anciens
Où rien ne comptait que l'avenir
De mes rêves d'enfants blonds et insouciants
Quand nous nous drapions encor d'envies
Et ne connaissions point le chagrin
Quand nos rêves d'argent facile de chantants lendemains
Et de belle gloire étaient réalité ou du moins
Nous plaisions-nous à le dire
Tendre comme le souvenir
Aujourd'hui je me souviens des jours anciens

Quand notre spleen nous laissait folâtrer sur le bord des chemins
Et que nos amours nous construisaient des empires
Aujourd'hui je me souviens des jours anciens
De mes poèmes sur ton sourire
De nos longues soirées de bohème dans d'ivres
Estaminets parisiens
Où en parlant du meilleur pour certains
Nous redoutions tous le pire
De ces cabarets où rien n'était simplement pour se laver les mains
En ces tristes et sombres chambres où nous montions nous saillir

Avant de nous endormir
Insatisfaits en rêvant
Tendre comme le souvenir
De Voies Lactées pour nos cÿ urs de martiens
Aujourd'hui je me souviens des jours anciens
Aujourd'hui moi je pleure mes jours anciens
Alors que ma fin de jeunesse doucement s'éteint
Au feu crépitant de ma chaudière en cuivre
Dans ma profonde solitude où sans même un chien
En ce minable studio au papier lépreux à force de souffrir

Ici suppure de désillusions l'envie d'en finir
Tendre comme le souvenir

Aujourd'hui je me souviens des jours anciens
Seul le regard empaillé de quelques fleurs sur mon martyre
Dansant encor de vie contre le plâtre reflétant les murs voisins

———

Cariste à Monoprix

J'veux pas faire cariste chez Monoprix
A m'échiner pour un tout p'tit prix
Moi j'veux d'venir riche et p'is
Avoir du pognon et tout' les filles que j'veux
Moi j'veux changer la donne gagner au Loto
P'is aller l'été à St-Tropez
Et l'hiver à La Plagne
Mais si faut vraiment qu'j'aille à la gagne
Comme un' put' pour leur salop'rie d'supermarché
Ou mêm' aut' chose j'préfère encor m'faire la peau
Ou t'êt' mêm' j'm'jeter sous une ram' de métro
Mais si j'dois dev'nir millionnaire ou PDG
Faudrait bien qu'ça s'magne
L'Destin ou l'bingo
L'Bon Dieu z'avec son pied-bot
Avant qu'j'sois plus qu'une vieil' charogne
Avec plus rien su' l'paletot
Qu'la peau sur les os
J'veux pas faire cariste à Monoprix
Moi j'veux êt' pilote de ligne
P'is sniffer leurs gros n'avions
J'veux finir dans un crash fabuleux
Politicien catholique et maffieux
Ou militaire couvert de galons
J'veux pas faire cariste à Monoprix
J'veux pas finir comm' une vieil' chaussette
Qu'on balance et p'is qu'on jette
J'veux pas faire prolo
Bouffé par la silicose ou la cirrhose
Moi aussi j'veux la voir ma vie en rose
J'veux pas finir comm' emballeur de sacs chez Tatie
Ni comme clodo morose
Traînant avec moi dans mon sac de chez Tatie
Les p'tits bouts d'ma vie
Sans appart' de grand standing à Neuilly
Ni un' voiture de luxe
Moi aussi j'veux êt' candidat chez Guy Lux
P'is gagner des voyages à Tahiti
Ou en Guadeloupe
Au lieu d'finir dans un minab' 'tit studio
D'la banlieue parisienne
A r'garder mes albums-photos à la loupe
Pour y dégotter un peu d'bonheur passé enfui
Moi aussi j'veux l'avoir ma vie en rose
Ou b'en alors moi j'vous l'dis ce soir j'vais fout' le feu

———

Liste octogonale

Traînant ma carcasse
De caisses de cognes en carasses
Sous le manostat
De Paris gelé

Sur le quai d'une gare
Aux senteurs mêlées
D'amome et d'ammoniac
Je fouille dans des poubelles avinées

Aux noms exotiques et bizarres
De sacs en sacs
Pour y trouver ma maigre pitance
Ne t'inquiète pas vas

On ne construira pas
De stupa pour moi
Moi qui tout seul entends déjà
Approcher mon dernier stuka

Mon dernier train ma finale mitraille
Ne perds donc pas ton temps
A refaire pas à pas
Mon triste chemin

A reprendre la trace de mon errance
Demain vaille que vaille
Sur la liste des disparus
Sur les actes

Demain
Y'en aura bien d'autres que moi à porter
Sur la liste électorale
Octogonale cognat de la mort d'autrui

Demain

Y'en aurait bien trop pour moi
A postuler sur les listes électorales
A vivre sur la mort de nous autres vas cognat

Sur les actes
Précis
Et notariés
De la mort des truies

Demain
Les gendarmes ne me recenseront plus
Quand tout nu
Je glisserai dans leurs dernières ombres abyssales

————

Mithridatisation

Habitué
Je me suis habitué
Au venin de la vie
Qui a bouffé toutes mes envies
Et m'a laissé sur le pavé
Comme un cloporte écrasé
S'il m'a laissé en vie
Qu'il ne m'a pas encor laissé crever
C'est pour toujours mieux pouvoir jouer
Avec moi comme avec une souris
Je voulais de l'amour et du RMI
Juste histoire de pouvoir vivre décemment ma vie
Mais j'ai vite dû déchanter
La vie par ici
Ces temps-ci
Est complètement pourrie
Alors déjanté
J'ai voulu me suicider
Mais au pied de mon lit
Il y avait les pompiers de Paris

Car il paraît que par ici
Il faut être autorisé à se suicider
Par le Gros Chat-Big Brother de l'Elysée
Alors peut-être qu'un de ces jours prochains qui sait
Je tuerai 3 vieilles 2 clodos et quelques bébés
Pour pouvoir finalement être guillotiné
A moins que je ne me fasse une poussette pour quitter cet enfer
Et aller voir si l'autre est plus gai
Ou au moins moins sale ou sali
Vous voyez bien vous tous vous autres rien d'extraordinaire
Dans la cours de ma vie
Seulement oui
Rappelle-toi *Souvenir Souvenir* mon kiwi
Réalité
Réalités
Punition exemplaire
Si c'est pour jouer les fugitifs
Moi j'suis volontaire
Volontaire
Pauv' pauv' pauv' 'tit' *Boule de Suif*

———

Tristesse

Y'a des marins pour la mer
Des goémons qui traînent
D'alizés en polders
Y'a des femmes pour la chair
Et des soldats pour la guerre
Y'a des jeunes qu'la vie enchaîne
Et des vieux qui s'empeinent
Y'a des livres pour hier
Et des rumeurs qui devraient se taire
Y'a le souvenir des guerres

Et des corps qu'on enterre
Y'a le bleu de ta mère
Et le rouge de nos pères
Y'a le travail toute la semaine
Et l'argent qui ne vient pas
Y'a l'huissier et la Camarde qui s'amènent
Y'a la saleté sous nos pas
Y'a la peur qui nous lacère
Y'a la cité et la chaîne

Y'a le béton ses bidons ses poubelles et pas même une benne
Y'a la vie qui n'est pas pérenne
Y'a nos maigres bas de laine
Et les vacances tout au bout de l'Espoir le soleil
Et ses piments de Cayenne
Mais nos pieds trop lourds sont sans ailes
Et aucun oiseau de fer ne nous fera quitter la déveine
Y'a la tristesse y'a toi qui dors et moi qui suis là
Moi qui te veille et te surveille

———

Perséphoné

Moi qui rêvais de femme-fleur
De femme coupe-vent
Je navigue à l'ÿ il
Dans ma zup forteresse de béton
Il est midi mais le soleil pleure
Sur la ville dans sa cangue de Caliban
Défigurée et sans oeil
Monstre aveugle immobile sous ses boulons
Merde au Corbusier
Merde au Corbusier

Pour les merdeux petits casseurs
Et la justice à deux temps
Pour les hommes politiques qui s'amnistient à l'ÿ il
Et leurs policiers marrons
Pour nous qui n'avons plus le cÿ ur
D'attendre sans travail
Que les huissiers nous taxent légalement
Nos meubles Doméco en s'tapant du pâté de chevreuil
Pour nous qui voulons foutre le feu à notre ville-prison bidon
Où ils nous encagent alors moi je dis merde au Corbusier

De Messine à l'affaire Dubreuil
Dans nos cités-pansements
On se lacenaire on se larsène ou on meurt
Derrière nos splendides et modernes tours de verre et d'étrons
Tout juste égayées par les tags jambons-beurs
Petit à petit on s'esseule à zoner sans même une fille qui s'effeuille
Entre les viols collectifs de jeunes filles sur des capots de voitures
Ou dans des garages-terminus et les cameramen
A la recherche de la prochaine émeute pour le 20 heures

Alors moi je dis merde au Corbusier

Avec nos oisifs hommes politiques qui se créent des ministères du XVIème
Entre bonne conscience pour pas trop cher et intégrisme militant
Y's'paluchent à longueur de temps un peu plus chaque heure
A trouver quel nouvel impôt porter sur nos haillons
On finit par en oublier qu'on meurt
A force de se voir à la télé tous les jours
Alors y nous footballisent y nous intervillent
Pour mieux nous contenir et nous discipliner y nous gelthisent également
Après tout y doivent penser que les pauvres et les étrangers c'est comme les melons
Faut les mettre en cageots alors moi je dis merde au Corbusier

Un jour je me coucherai
Sur le bord bleu d'une rivière
Et la Mort viendra me chercher
Pour m'emmener chez Perséphoné sous la chaude terre
Alors moi je pourrai dire une dernière fois merde au Corbusier

———

Santa Devouring the Children

Noël - Mythologies

Nous irons assister à l'enterremment d'un sapin
Contre les planches d'une barraque en pin
Enguirlandée comme un arbre de Noël
Pour acceuillir les pékins dans leurs poubelles

Ce soir où Dieu neige
Dans le brouhaha des pimbêches transformées en Blanche-Neige
Et des mioches en habits de Noël
Sinistres nains pour leurs Jézabels

Même pas un manteau blanc
Les rues n'ont revêtu que le gris macabre des gisants
Et maintenant la pluie s'arpège comme un chant sur le clavecin de Noël

Nous irons assister à l'enterrement de tous les sapins
Comme dans une valse sans fin
Pour fêter la renaissance annuelle d'avant les soldes *on* Babel

———

"Angénique, Marquise des Fanges" (O Temps! suspend ton kiwi)

Violence! suspend tes viols, et vous leurres factices et salaces
Suspendez vos zizis.

———

Nuremberg

J'accuse Charles De Gaulle pour Krim-bel-Kassen et l'affaire Ben Barca
De crime contre l'humanité
J'accuse Harry Truman pour Nagasaki et Hiroshima
De crime contre l'humanité
J'accuse le citoyen Cohn Joseph Mac Carthy et les USA
De crime contre l'humanité
J'accuse Lyndon Johnson pour Da Nang et Hanoï
De crime contre l'humanité
J'accuse Ronald Reagan et Bill Clinton pour Panama et le Nicaragua
De crime contre l'humanité
J'accuse Theodor Herzl Ben Gourion et l'ONU pour la bande de Gaza
De crime contre l'humanité

J'accuse Baudoin Ier et l'ONU pour Lumumba
De crime contre l'humanité
J'accuse le gros Raymond Barre et Hardy-VGE pour les jours sans pain
De crime contre l'humanité
J'accuse Laurent Fabius et Huguette Bouchardeau pour le SIDA
De crime contre l'humanité
J'accuse François Mitterand pour le nazisme qui revient
De crime contre l'humanité
J'accuse Jacques Chirac Alain Madelin pas malin
Et le premier comique Alain Juppé
Qui reloge son fils dans des HLM sous-payés
Pour avoir baisé nos salaires et notre sociale sécurité
De crime contre l'humanité
Pour Abel enfin j'accuse Caïn
De crime contre l'humanité
Pour la Yougo
Pour avoir par leurs frontières ensanglanté leurs anciennes colos
Et pour avoir fait rebelote dans l'ex-URSS avec leur pantin Eltsine le poivrot
J'accuse les Etats membres de l'OTAN et de l'ONU
La France la Grande Bretagne l'Allemagne et les USA
En bloc et en tas
De ne connaître de la justice que l'écu

———

V - ONE TWO TWO A PAT PONG

Extasy cosmo-nucléique

Sur ton ventre hétérogène
Battement de secondes
L'essence alanguie
De tes carters à propulsion simultanée
J'allume mes turboréacteurs
Dans la turbine de tes arbres à propulsion
Je crache mon rotor de soufflante
Et enflamme tes axes de culbuteur
Ma bougie dans ta culasse
J'enfonce les pistons cylindriques
Dans les ressorts de ta soupape
Je sélectionne ma vitesse
Et gaze tes ressorts
Tu claque tes fusées galactiques
Dans les turbos des mes amours éclectiques
Mon ventilateur appuie sur le socle de ton stator
Je rembobine tes roulements à bille dans la presse
De ma chambre de combustion tu clapes
Sur la courroie qui s'imbrique
Dans l'arbre de turbine à basse
Pression de mon compresseur
Tes redresseurs de soufflante
Envoient de l'air dans les tubulures d'admission
De mes arbres à cames mon allumeur sur ton alternateur
Ma chicane d'étanchéité
Dans le boîtier
D'entraînement de ma bougie
Ma durit de refroidissement sur la bielle de ton démarreur/seconde
Ma jauge d'huile dans le vilebrequin de ta gaine

————

Dans la chaleur des embruns quotidiens, mamie

Tes aéroglisseurs sur le laudanum de mes flash-back
Où dans l'ivre tendresse utérine
Mamie écrasait les prouts
Je me demandais pourquoi les automatiques qui claquent
Vrombissaient encore dans le magma de mes turbines
Alors que toi ma loute
Depuis longtemps tu ne regardais plus mamie écraser les prouts
Photographie-automne en blanc et black
De notre agence de rencontre qui s'embruine
Et photomaton tendre et comique de mamie qui écrase ses prouts
Graissage de mes war-tracks
Les pilonnes enfoncés dans les starting-blocks d'une clef à molette féline
Dans l'os où çà pionce de mamie qui n'en finissait plus d'écraser des prouts
Dans notre quotidien bidon le palmier sans hamac
Dans les gaz des maquereaux sous les acides intraveineuses de globuline
Dans les concussions concassées d'une mamie écrasant les prouts
Dans les synapses de mon transmetteur génital qui se raque

Dans le lac de tes poliomyélites intestines
Sous l'urine et le sac de ma mamie écrasant les prouts
Sous le sycophante de mon bois d'olivier ma ZAC
Rengaine l'évanescence des ribaudequins de pyridine
Refroidis dans l'extase des jours sans gloire où mamie continue d'écraser des prouts

Littérature inachevée

Les femmes l'appelaient trompe-la-mort
Oh comme il était beau et c'qu'elles pouvaient l'aimer
Les femmes l'appelaient trompe-la-mort
Oh comme il était beau et c'qu'elles pouvaient l'aimer
Il était Américain il était aviateur
Et y traversait les skuds comme une étoil' filante un météore

Il était viril il était fort
Il était blond et ses yeux bleus brillaient comm' des lacs d'acier
Il était viril il était fort
Il était blond et ses yeux bleus brillaient comm' des lacs d'acier
Il avait vingt ans il était aviateur
Et dans son habit de feu et d'poussières il était beau comm' un matamor

Y f'sait battr' leur coeur plus fort
Y n'leur offrait jamais d'fleurs
Mais elles adoraient son côté encanaillé

Avec son accent on aurait dit Steward Granger
Mais elles adoraient son côté encanaillé
Avec son accent on aurait dit Steward Granger
Tout droit sorti d'un film des années 50 mais aucun' d'elles n'savait
Si avec ses missil' patriot' y tuait d'minots des civils l'ssant derrièr' lui un' traînée d'vrais morts
Si avec ses missil' patriot' y tuait d'minots des civils l'ssant derrièr' lui un' traînée d'vrais morts

Si avec ses missil' patriot' y tuait d'minots des civils l'ssant derrièr' lui un' traînée d'vrais morts

———

Pompé (à piston)

Qui déjà était préposé à la pompe numéro neuf
Et a laissé un morceau de pizza
Sur la pompe numéro neuf
Quel est l'enfant de putain hélas
Quÿa tout salopé la pompe numéro neuf
Qu'on avait pris soin d'astiquer
Quel est le beauf
Qu'a bâfré
Sur la pompe numéro neuf
Quel est le sale loupiat
Qu'a dégueulassé
La pompe numéro neuf
Quel est le bougnat
Qui s'est servi comme ça
De la pompe numéro neuf

Qui l'a toute fait dégorger
Sans penser qu'l'essence dépensée devait être recommandée
Si qu'on voulait pas retarder l'utilisation d'la pompe numéroooooo neuf

————

One Two Two à Pat Pong

Gresle, vente, j'ai mon pain blanc
En mon bordeau du parc aux Cerfs
Et vaillant dans mes prières
En la liturgie des biches en satin blanc

Où croissent les mandrins d'antan
Et leurs bouches gourmands qui s'éner
-Vaient comme croit le sénevé mes commères
Disciples de fébriles passe-temps

Où dorment les vierges impudiques éveillées en miaulant
Et les longs soupirs des trouvères
Pour sombres antres chatoyants

Grêle, vente, je n'ai plus mon pain blanc
Aujourd'hui au venant
Que s'acharnent et qu'on harnache nos solitudes étrangères

————

Demeure conjugale

Nous roulions dans de sombres organdis
Affrétant de clinquantes calèches
Les crinolines froissaient de leurs mèches
Les cochers entre deux bougies

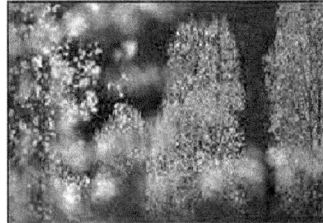

Les porches s'ouvraient à minuit
Découvrant de jeunes lieutenants au cheveu revêche
Qui portaient vers l'humide crèche
Leur dame chérie jusqu'à leur lit

C'était le matin bientôt qu'Annie
Sévère gouvernante très sèche
Et défraîchie

Annonçant le mari
Jetterait et l'amant et l'amie hors du ciel conjugal où leurs ombres salies
Dans leur ivre étreinte inassoupie encor s'ébrouent et s'ébrèchent

————

Migraine

Nous n'irons plus au bois/ Les lauriers sont coupés
Et ce soir s'en est allée Suzy la belle Romaine
Sous nos bordeaux au cÿ ur creux de ces forêts

Pleure la fauvette et la vilaine
O ma belle Suzette est-ce Suzon en futaine
Qu'un soir de rire en manque il est vrai
Je pris pour un evzone ou une chienne
Ou serait-ce l'orgueil qui m'empêche le contraire d'imaginer

Nous n'irons plus au bois/ Les lauriers sont coupés
Et ce soir dans mes douces mitaines
O ma tendre oubliée
O ma reine ma souveraine
J'agrémente mes points à l'envers seul à mon bon feu de chêne
Car à Dieu le veuille quand on a de la peine
Et que les feuilles sont coupées il faut bien les ramasser

Nous n'irons plus au bois/ Les lauriers sont coupés
En votre lit qui n'a plus rien d'une arène
Je ne vois plus fleurir de fruit la Mort les a tous cueillis mais
Je crois bien que mon cÿ ur plus rien ne l'y enchaîne
O mon pauvre amour vous en souvient-il vous en souvienne
Des jours heureux où nous étions au lit et
Mais dire qu'il faut encor tirer les rennes
Le parc aux cerfs est fermé

Ne pleure plus Gisèle ne te lamente plus Marjolaine
Ne soyez plus chagrine ma mère et toi tu peux revenir Madeleine
Car ce soir moi et ma gueule rallumons la lanterne
Car nous tirons à nouveau la langue aux gents-policiers

———

Putain

J'ai mon frigo
Mon auto
Ma femme et mes marmots
Putain j'suis couillu jusqu'au bout des ongles

J'ai mon chat mon chien
Ma s'maine de 35 heures et si tout va bien
Ma retraite à 60 ans
Putain j'suis couillu jusqu'au bout des ongles

J'ai mes congés payés
La télé
Et le tiercé

J'ai Pivot et tous les dimanches
Martin la pêche les parents ou les aminches
Putain j'suis couillu jusqu'au bout des ongles

———

Dr Coué au bar-tab

J'suis fort j'suis beau

J'fais fondre toutes les nanas
J'suis un mec un vrai j'ai une grosse queue
J'ai une grosse bagnole

Mais j'attends toujours ma Garbo
Ma Gina
Ma lolo ma Killy Minogue
La gueule dans l'fond d'ma gnôle

J'ai des tatouages partout
J'suis musclé comme Schwarzenegger
J'en prends trois rien qu'avec les doigts d'un pied
J'suis intelligent comme Roch Voisine p'is surtout j'ai sa gueule

Mais j'attends toujours mon Ginou
Mon François mon Herbert
Mon Robert mon Hervé
Mon mec à moi tout seul rien qu'pour ma gueule

———

Encore un

Pour moi pour la république
Pour la reine
Faites jouer les tin whistles
Les bodhrans

Pour moi pour l'empire
Pour la dîme et la gabelle
Faites jouer les tin whistles
Les bodhrans

Pour moi pour l'électorat démocratique
Pour les curés amen
Pour les imâms les rabbins pour mes sires

Pour le bouddha pour moi et aussi pour Gisèle
Faites jouer les tin whistles
Les bodhrans

———

Middle Jazz

La faluche à la main
Un quinquet ébréché de potaches pituitaires
Sortait en ébrasant les reps salutaires
De la boîte de middle jazz au marengo petit matin

Et dans les derniers scats du chanteur noir américain
Leurs scatols scandaient comme des vers
Des scaldes sur une musique de Becker
Dans la boîte de middle jazz qui sentait le cigare éteint

Alors que le saxo réveillait les saxifrags gardiens
Des rues silencieuses comme le désert
Qui sentaient la leucorrhée le nard et le vieux parfum

Les pétéchials estudiantins
Sortaient de la boîte à requins
Où s'incrustait un mac' plaqué du milieu qu'écoutait c't'vieil air d'middle jazz émarger l'air

———

Pleure pas

Pleure pas Gisèle
Moi j't'aime
Les autres c'est tous des cons
On est jeune on est beau
J't'emmènerai visiter les antipodes et les Gémeaux
On partira sur l'Aquilon
On n'vivra que d'amour et d'poèmes
Pleure pas Gisèle

———

Transformation en porcs

Dans le crépuscule sanglant entre chien et loup
Martin' est arrivée un soir qui bataillait
Crevant l'orage de noirs ajoncs flottaient
Sur les rives emmêlées de tous les "Jÿn'en fous"

Dans le port chagrin de l'absence-désespoir
Et moi comme un navire à quai je me tanguais
Comm' un vieil air de fado triste qui s'brise et dans le noir
J'écoutais le chant incertain des madriguais

Peut-être est-il venu l'amour avec son treuil
Floculant ses veaux d'or de marbre dans la neuille
Mais alors tu ne l'as pas aperçu mon œil

Martin'-Minotaure femelle ou bien Circé
M'offrit ses pommes de pin pour me sustenter
Comme f'rait un' truie ou bien Isis-Tyché...

———

I love you more and more

Le soir tombe sur des champs d'éoliennes en marche
Et quelque part dans ce monde une car se crashe
Tu aéroplanes mes désirs ma douce Marsh'
I love you more & more

Les Vierges Marie grossissent dans l'église sous leur arche
Et j'attends donc que nos amours se détachent
Lovin' baby au son d'une Marseillais' valse

I love you more & more

Il pleut des nénuphars en feu sous les pets d'nos dieux barges
Et ta tendresse se fane où mes vers se relâchent
I love you more & more

Sous les eudémis quelques eudistes s'attachent
Ton ventre de glaires me semble une vie qu'on crache
I love you more & more?

———

Si je t'aim(ais)

Acétone en flammes
Sur le lit de nos Vertus
Où l'on s'embête mollement
Si tu m'aimes, tue-moi

Acétone en flammes
Sur mon corps repu
Dans lequel coulent des suicides sanglants
Si tu m'aimes, tue-moi

Acétone en flammes
Epitaphes pour nos dieux velus
Et nos républiques bananières où tout le temps
Il faut payer pour avoir droit de vivre

Et où même tout payé il faut encor que l'on se prive pour l'Etat qui vient
Nous taxer jusqu'en nos tombes lorsqu'il est trop tard et que tout est vécu
Acétone en flammes
Si tu m'aimes, tue-moi!

———

Car (Sandows)

T'es plus attachée à moi
Sandows
Tu m'aimes plus
J'te plais plus
Tu t'sens plus d'attaches avec moi
Sandows
Tu sais plus
C'que tu veux mais c'que tu sais c'est qu't'en peux plus
Sandows
T'as plus rien qui t'attache à moi
Tu veux plus jouer avec moi t'en as plein les bras
Tu t'sens enchaînée et plus du tout libre de toi
De tes sentiments
De tes mouvements
Tu t'sens des menottes aux pieds au coeur et aux bras
Sandows
Et tu veux plus avoir la corde au cou ni au cul

Pour un con comme moi
Tu t'sens patraque j'suis qu'un vieux schnock b'en quoi
J'voulais juste qu'tu t'attaches un peu à moi
Avec ton coeur et ton cul
Sandows
J'voulais qu'on se crée des liens tu vois
J'voulais accrocher mes amarres au port de toi
Mon corps mon coeur et mon cul mon *Popol Vuh* ma Lulu
Mais tu sais comment ça s'passe on en est revenus
Des soirées les yeux dans tes accroches-coeurs c'est foutu
Et p'is tout est pourri revu
Plus d'anneau plus d'liens pour la vie mais sandows

———

P.A.

Rebel cherche Ecchymose
Qu'elle soit douce et tendre et puis basta
Qu'elle cogne pas trop fort quand elle me bat
Qu'elle soit femme et fille et pute et dame et rose

Rebel cherche Ecchymose
Un coeur à prendre pour poussif poussha

Qu'elle ait de préférence deux yeux et des bas
Qu'elle soit flippée mais pas trop morose

Rebel cherche Ecchymose
Cherche un bébé chat
Pour looser en fin de droit
Qu'elle ait le geste un peu gauche et la lèvre close

Rebel cherche Ecchymose
Qu'elle soit un bouton au parfum un peu gras
Qu'elle danse comme une catin pour son roi

Qu'elle m'embrasse

En fermant les yeux et qu'à mon oreille elle m'épelle sa prose
Qu'elle me prenne dans ses longs doigts
Qu'elle soit femme-araignée et prête à régner sur mon toit
Et mon linge Rebel cherche Ecchymose

———

Zoozoo Circus

Elle te disait souvent qu'elle t'aimait tant et tant
Elle te disait souvent qu'elle t'aimait tant et plus
Mais elle m'a bien eu
Mais elle ne m'écoute déjà plus n'an

Mais elle ne t'écoute déjà plus elle ne t'écoute déjà plus

Dis-moi Bozo
Qu'est' c'tu fais debout comme ça tout seul dans le noir
A t'désespérer d'vant son miroir
D'accord sans elle t'es plus rien t'es plus beau

Mais elle ne t'écoute déjà plus elle ne t'écoute déjà plus

Tu l'aimais tant et tant
Elle t'a quitté tu la r'verras jamais plus
Çà on peut dire qu'elle t'en a mis plein l'cul
Elle t'a bien baisé la p'tit' salope n'an

Mais elle ne t'écoute déjà plus elle ne t'écoute déjà plus

Mais dis-moi Bozo
Dis-toi qu'mêm' si c'est trop tard
Bon b'en tant pis mais tant qu'y a d'la vie y'aura des nibards
Allez viens donc prendre un pot

Mais elle ne t'écoute déjà plus elle ne t'écoute déjà plus

C'est vrai qu'elle était belle mêm' quand tu la foutais en sang
Faut dire qu'elle avait l'art et le chic pour êt' put'
Jusqu'au boul des ong' au bout du cul
Mais putain c'est vrai qu'elle était belle mêm' sans dents

Mais elle ne t'écoute déjà plus elle ne t'écoute déjà plus

Dis-moi Bozo
T'plains pas trop sinon y'en aura bien dix aut'
Pour t'mettre la main au coltard
Avec ses bigoudis ses ragnagnas
Et ses vioques sur le tard

P'is d'abord dis-toi Bozo
Mon aminch' dis-toi bien qu'elle t'prendra pour un jobard
Son clébard

Son nounours son zozo

Mais elle ne t'écoute déjà plus elle ne t'écoute déjà plus

O.K. elle t'a piqué tes enfants
Et ma't'nant t'es tout seul entre tes quat' murs tout nus
Tout nus comme ton coeur tout seul plumé et perdu
Perdu et tout triste sans elle et sans eux chiant!

Mais elle ne t'écoute déjà plus elle ne t'écoute déjà plus

Mais dis-moi Bozo
Dis-toi qu't'auras plus à les entend' chialer la nuit le soir
Ni à t'taper ses migraines et son chat noir
Alors au fond souris donc dans la vie y'a d'vrai qu'les potos

Mais elle ne t'écoute déjà plus elle ne t'écoute déjà plus

Abattage

T'as commis un crime pour elle
Au début ell' v'nait t'visiter fréquemment
Mais ma't'nant l'appel du corps
Elle attendra pas sept ans

Dis-toi qu'ta belle
A trouvé d'aut' z'amants
Mon pauv' mécano t'as plus d'ressort
Tu croyais qu'elle t'aimerait au moins pour mille ans

Mais qu'est-c'tu croyais elle
Elle a sa vie d'vant elle et puis ses vingt ans
Elle veut pas attend' d'voir s'flêtrir son corps
En t'attendant

Tu t'es pris pou' l'roi d'la jung' t'es qu'un pauv' condor
Et ta mouet' ell' a pas 'ttendu l'appel
Du larg' ell' a carrément
D'vancé sa conscription, su' l'flanc

Forceps (Maman-Ogino)

Elle m'a fait un bébé dans le dos
Moi j'croyais qu'elle prenait la pilule
Deux ans de vie commune
Mais elle m'a fait un bébé dans le dos
Moi j'voulais qu'elle avorte
Mais y paraît qu'elle a le droit à son corps
Deux ans de vie commune
Mais paraît qu'la pilule ça n'a que 97% d'efficacité d'une
Et de deux que j'aurais dû prendre mes précautions

155

Mettre un préservatif
P'is elle voulait le garder
Alors elle a été chez le juge
Elle voulait une pension alimentaire
Parce qu'y paraît qu'j'étais le père
Génétique comme ils disent
Elle m'a fait un bébé dans le dos
Mais comme je n'avais pas le sou
Ils m'ont mis dans une cellule
Avec les droits communs
Puis les huissiers sont venus chez moi
Ils m'ont volé tous mes biens
Ma mémoire les souvenirs de ma mère
Mes couverts en argent et ma chaîne plaquée or
Puis elle est venue me visiter dans mon trou
La mère de mon gosse
Elle m'a fait un bébé dans le dos
J'croyais qu'c'était peut-être
Pour me dire bonjour, ou
Me faire la bise
Elle était accompagnée d'une avocate marron
Alors elle et sa baveuse
M'ont dit que j'étais interdit d'séjour
A moins d'un kilomètre
De leur nouvelle bicoque
Faut dire qu'avec l'argent
De la vente aux enchères
De mes sous elle s'est acheté un
Pavillon Bouygues de banlieue aux Mureaux
Elle m'a fait un bébé dans le dos
Depuis qu'j'suis sorti j'lui dois la moitié d'mon salaire
J'ai même plus d'quoi manger
Une fois mon loyer payé
J'ai pas l'droit au RMI qu'm'a dit l'assistante aster spéciale
D'administration municipale
J'ai toujours les gendarmes en bas de chez moi
Qui reluquent si je lui envoie bien ma gabelle
Elle m'a fait un bébé dans le dos
Ma belle
Maintenant elle s'est mise en ménage avec un mécano
Dans son pavillon payé avec mes sous
Bien sûr inutile de dire
Que je ne verrais jamais mon marmot
Ils l'ont appelé Julot
Comme son "nouveau père"
Comme ils disent
Elle et son mécano
Elle m'a fait un bébé dans le dos
Maintenant il est au chômage
Alors y vivent sur l'argent qu'j'leur envoie
Dans leur pavillon payé avec mon magot
Ils m'ont volé ma mémoire les souvenirs de ma mère
J'ai même plus d'quoi m'loquer
Moi j'voulais qu'elle avorte
Mais il paraît qu'elle a le droit à son corps

Paraît qu'elle est une fille libérée
Paraît qu'y faut qu'j'assume ma paternité
Paraît qu'elle avait le droit à la maternité
C'est ce qu'ont dit les juges
Moi j'voulais qu'elle avorte
Mais elle m'a fait un bébé dans le dos
Bien sûr inutile de dire
Que je ne verrais jamais mon marmot
Ils l'ont appelé Julot
Comme son "nouveau père"
Comme ils disent
Elle et son mécano
Elle m'a fait un bébé dans le dos
Elle m'a fait un bébé dans le dos

———

Chuparse los dedos

Me chupo los dedos
De cette nuit que tu m'offres au bordel des illusions
Et de Tantale des pieds dans les navettes
Et la tête sous les jonquilles

Me chupo los dedos
De tes dessous de gouine espagnole et surtout bidon
Et de l'étrangeté excessive de la mort au bout de nos vedettes
En attendant que Dieu ou la Fortune nous trille

Me chupo los dedos
Des vieux qui nous font marrons
Et de nos tronches qui nous gueulent que la vie est faite
Pour briser les rêves des mioches et des petites filles

Me chupo los dedos
De tout ce qu'il est impossible de dire même à nos guenons
Et de ces heures silencieuses dans le dédale de l'ennui qui s'embête
A cause de nos défaites et malgré notre éternelle quille

Me chupo los dedos
De mourir pour la Nation
Ou malgré le temps entre deux margoulins la margoulette
Su' le pavé ou derrière des cageots d'foin dans un hôpital-pissotière sans ami ni famille

———

Logique

Ma petite Fashion Victim
Qui te suicide peu à peu
Au Slim-Fast
Qui fait la chasse aux
Kilos
Aux grammes aux big flat
Ma petite meatloaf

Ma petite Fashion Victim
Tu fais tout pour garder la ligne
Ton mec
Ton mac
Mais pour ça bien sûr
Y' t'faut d'la dope
Tu fais tout pour garder ta ligne
Pour gagner l'gros lot
Pour l'milliardaire qu'tu ne rencontreras jamais
Paumée dans ta vie de fausse Garbo
Mais pour ça bien sûr
Y' t'faut du coke
Light bien sûr

————

A Namur

Quand tu te baisses pour ramasser tes clés sur ton palier
Et que je vois le bout de tes sockettes tomber sur tes chevilles
Et entre ton jeans tiré
Et ton tee-shirt vert le bas blanc de ton dos qui brille

Namur Namur toujours Namur

Quand je regarde tes jambes nues et fuselées
Comme deux longues quilles
Qui remontent jusqu'à ton ventre tendu et fermé
Ton nombril tes deux seins comme deux grosses billes

Namur Namur toujours Namur

Quand tu t'habilles
Et que tu te penches pour enfiler
Ta petite culotte de fille
Et que je m'approche pour t'aimer

Namur Namur toujours Namur
Namur Namur toujours Namur

————

Dernières lumières avant l'aube

Vieux serpent lubrique
Qui s'enroule autour de tes hanches
Vieux serpent lubrique qui s'enroule et plastique
Tes seins et tes jambes

Vieille gargouille étique
Qui pénètre entre et se penche
Dans l'antre pelvien de ton pénil tragique
Comme une gâche une lente

Vieux regard hystérique

De ton pubis étanche
Vieil oeil unique
Qui nous contemple

Vieux tannant physique
Aux ombres d'espoir feintes
Vieil ophilien vieux crapaud salique
S'empourprant dans le jus vert que ma femme débranche

————

Minable Orion

Moi minable Orion
Sur le long chemin de la nuit
Brûle encor une gitane un brazero
Et derrière ces yeux de cendres je vois mon avenir

Assis dans les champs de houblon
Un pommier encor fleuri
Entend battre sur l'eau
L'aile incertaine d'un corbeau fakir

Moi minable Orion
Derrière ses yeux de cendres je vois venir mon avenir
Comme décharné et vairon

Sur la table d'échecs le dernier pion
Reste immuable démon
Sur le pied droit des désirs

————

Paris s'en fout

Je m'embête tout seul dans mon lit
Tout seul comme un pou
Je m'embête dans ma vie
Mais Paris s'en fout

Rêves de cieux plus brûlants ou
De bisous dans le cou de guiliguilis mon chéri
Mais déjà plus envie de rien juste des désirs d'ailleurs inassouvis et dégoût
Mais la France s'en fout

Si je ne peux pas reprendre à zéro le cours de ma vie
Alors pourquoi faudrait-il la vivre jusqu'au bout
Autant que tout soit déjà foutu
Mais le monde s'en fout

Je suis déjà parti
Ne me cherchez plus
Débranchez mon répondeur je suis déjà parti
Mais je m'en fous

———

Désert - Pôle Nord

T'en fais pas Popaul
T'es pas tout seul à avoir mal au coeur
Pour une pouffiasse qui s'en fout
Qui s'en fout de tout

T'en fais pas Popaul
Y'en a d'autres qu'ont mal aux yeux
A force de regarder passer les trains
Les trains au hasard des gares sans lendemains

T'en fais pas Popaul
T'as les yeux qui pleurent
Derrière tes lunettes au beurre noir

T'en fais pas Popaul
Tu rêves de mers de whyskie
Et d'occas' en or

T'en fais pas Popaul

———

Sérieux hein hein

Pleure pas petite
Dire qu'on est pas grand chose
C'est pas dire beaucoup
J'entends mon coeur qui bat j'entends mon coeur battre

Je ne sais pas si le monde est sérieux
Je ne sais plus
Pleure pas gamine
J'ai le coeur trop gros pour te consoler petite

N'pleure pas pauvre petite chose
Ma petite soeur du désespoir ce soir est doux
Approche-toi du feu d'une autre joie il faut se battre

Pleure pas je ne sais plus si le monde est sérieux
Aujourd'hui il a plu
Un peu viens là et embrasse-moi un peu (sois) câline

———

James P. Crow - Anarconze

Monsieur James P. Crow
Y'a des chats écrasés sur le parquet
Et des immigrés dans les chiottes
Martine's gone

Monsieur James P. Crow
J'irai faire sauter le Sacré-Coeur
Et puis nous brûlerons Thiers à Versailles
Martine's gone

Monsieur James P. Crow
Pendant que ta chatte prendra le frais dans ton frigidaire fermé
J'me taperai de l'amende en griottes
Martine's gone

Monsieur James P. Crow
Pulp Fiction devant la police du monde
Qui s'casse du nègre et du beur
Martine's gone

Monsieur James P. Crow
Mais Sorcière j'me fais trop vieux pour rejouer la Marseillaise
Ou à part peut-être en bouille-à-baise à l'ail
Martine's gone

Monsieur James P. Crow
Peu à peu deux *à 3* dans le cul de ma blonde
Je retourne à la haine et à la glaise
Martine's gone

Monsieur James P. Crow
Mon HLM s'bidonne cavalerie-milice qui grondent
A l'Elysée y'a Matignon qui viole nos femmes
Martine's gone

Monsieur James P. Crow
Nos enfants *à coups de livres*
Devront-ils trouver le chemin qui les délivre
Martine's gone

Monsieur James P. Crow
Dieu est mort à l'arrière d'une malle-poste anglaise
Lacenaire ne vaut-il pas Hitler au fond c'est le même
Martine's gone
Martine's gone
Martine's gone

———

"*La vie en rose*"

La vie c'est pas du cinéma
Et elle est pas là
Tu sais elle viendra pas
La p'tite chanson
Qui t'raconte
Sur ta pauv' FM
Qu't'es pas tout seul qu'on t'aime

La vie c'est vraiment pas du cinéma

Et quand tu t'r'trouve tout' seule
Devant ta portion d'frites
L'midi à la cantin'
Tu l'entends encor
La p'tit' chanson
Qui t'disait qu'il t'aimait pour de bon

La vie c'est pas du cinéma
Ma p'tite soeur du sommeil
D'vant la télé qui déblatère
Qui t'chant' qui t'parle et qu't'engueule
Comme pour t'dire qu't'es pas encor
Tout à fait tout' seule
Mais lui qu't'aimais l'est parti

L'lapin qu'y t'promettait
Tu t'l'prépare seul'ment à la cuisine
Les jours de gras
La vie c'est vraiment pas du cinéma
T'entends encor l'accordéoniste
Qui t'r'joue les flonflons
Du temps passé où qu'y t'aimait

La vie c'est pas du cinéma
T'es tout' seule avec tes chattes
T'attends qu'elles meurent à petits pas
Ta mère est vieille
Et p'is y'a l'vieux Temps aussi qui gratte
Bien déjà un p'tit peu à ta porte
Alors fais gaffe de pas l'faire rentrer un soir de saison morte

Fais bien gaffe de pas l'inviter
Lui ou p'têt' un aut' gars
En t'disant qu'c'est pas ça qui compte
Un Prince Chialant des vis d'la manivelle et des boulons
P'is qu'y t'emmén'ra p'têt' voir la mer
S'il est pas déjà maqué bien sûr
Au camping d'la Playa del Sur

———

"*Le feu*"

J'm'excite
Sur des bouquins pornos
J'vais me mettre le feu

J'écoute d'vieux hits
Sur mon phono
J'vais m'foutre le feu

Les pompiers viennent vite
Brûler mes mots
Vont nous mettre le feu

La milice pleine de mites
Traîne ses galons après le couvre-feu
Pour ramasser les marginaux

J'entends les sirènes-quirites
Qui rient tellement y fait chaud
La ville a le feu

Les supporters s'excitent
Les joueurs dans l'arène morte entrent au galop
Le foot nous met le feu

Sur l'étale du boucher cohabitent
Savasses et quart-avant d'agneau
Le coutelas tranche dans la chair bleue

Les putes tapinent les loulous s'excitent
Sur une vieille une moche ou un gars plus faible qu'eux
"Eh ta gueule tu veux qu'j'te la frite?"

Un fasciste
Rabat les prolos
Y va nous mettre le feu

Un politico
Veut m'piquer mon fric mon slip et mon sheet
Alors y m'propose une turlutte pour m'enlever le feu

Plus d'coeur bozo
L'érection cutanée m'délite
Trop tard - j'me suis mis le feu

———

Hemorroïdes' come back

Donne-moi tes deux petits seins de glace
Ce matin j'ai froid
J'avais mis quelques garces
Dans mon lit trop étroit
Qui me regardaient bien en face
Quand j'arrivais pas
A leur faire l'amour même à dix doigts

Alors donne-moi tes deux petits seins de glace
Ton chandail est trop loin de moi
J'ai rêvé de palaces
Bondés où il n'y aurait de place
Que pour moi
Mais que voulez vous il faut bien qu'on s'y fasse
Sans capital ici tu t'écrases

Alors donne-moi tes deux petits seins de glace
Rappelle moi
J'croyais bien être un as

Mais une paire vaut mieux qu'un tu l'as
J'ai bien écouté quelques politiciens salaces
Et quelques prêtres apostats
Mais le RMI encor m'ASSEniqua

C'est pour ça qu'j'rêve encor en nica
Dans mes rêves en couleurs et cordobas
Alors donne-moi tes deux petits seins de glace
Qu'j'puisse les emporter avec mes slips dégueulasses
Dans mon charter via la septième extase
Destination Porto Rio Caracas chez moi
Ou la chambre à gaz

Donne-moi tes deux petits seins de glace
Que j'me pose sur toi
Donne-moi d'l'amour en masse
J'vois venir Pasqua
A travers les flammes bleues et oranges de l'infernale PACA
C'est dingue comme soudain toute ta vie s'ramasse
Quand la milice s'avance électrochocs en main pour t'jouer rock around the guy

———

Voyage - Angie's trip

Moi j'voudrais t'emmener sur les monts de Vénus
Les mardis soirs quand les cinémas s'éteignent
Au coeur des vieux quartiers juifs ou malo-russes
De Paris aux quais qui dans la Seine tranquilles se baignent

Moi j'voudrais t'emmener sur les montagnes russes
Et puis derrière le Louvre pour y manger des châtaignes
Ou bien dans l'Amazone et la brune brousse
Qu'aucun son de cor qu'aucune étoile n'atteignent

Ou sous les blonds d'or crocus
Dans les profondeurs sourdes sphaignes dessous les nègres
Où reposent encor les trésors bleus du Négus

Où trônent Proserpine et Dispater le sans prépuce
Dans les charmilles et les catafalques écluses
Voir les mille univers et leurs trois règnes

———

Otaries en Patagonie

Je t'ai attendue toute la nuit
A la croisée des chemins

Pour aller voir les grands
Lions de mer s'accoupler en Patagonie
Et les Minnesängers
Hollandais entammer des vieilles chansons populaires
Sur de vieilles guitares
Désacordées sur des plages de tulipes noires

Mais j'ai perdu ton premier sourire
Dans une impasse d'été
Tes fleurs et mon soupir
Mon coeur de cerf l'ont tant fait pleurer

Et tu n'es pas venue
Mais je t'ai attendue
Car dans nos westerns modernes des cités
Mes aubins jodlèrent et
De votre tant douce jonque
Jonque-jonquille oncques jolie donc
En ce soir funeste solitaire et esseulé
En le frais bord dicrote de ma noire jonchaie

———

Blue-Belle Girl

Hye
My name is Brenda
I'm a call girl
I wear a dress from Coco Chanel
But honey
I'm dreaming night and day
To go to China

To make a new life not like a geisha
Any more
I don't want no longer
To be a Venus in a pearl
Hey boys hey
Take me to the only blue honey moon to the eternal brighty sunday

———

Pantoum à la gendarmerie

Dans les pécoptéries
Et sous l'ardoise
Je fais padoli
Et je patoise

Devant la grande Pandore qui me toise et me cherche des noises
Et me fait voir lapillis
Entre le carex et les carasses
Entre les cardes étanches des grands cargos et leurs charges de cari

La grande Pandore est une charogne qui me sourit
Qui sa cargue à la main me poisse
Près le porion surpris de mon tamil
Et je patoise

Pris dans cette fatale tirasse
Et maintenant l'oeil-ptôsis
Ma carême prenant je crâne et je patoise
Sous l'oeil hagard de l'uni

Fourbu vessigon et sali
Allégence à l'hospadar pour finir enfin cette csardas
Et préparant le mégis attendant le vesou l'houri
Repars herchant mon lorry le mors tel julep palis à mon implex courage

———

Csarda macabre

Dans les yeux adipeux et hagards de ma mort
Je regarde les ombres pleurer
Petit ne regarde jamais les nuages
Plus haut que la ligne d'horizon
Le ciel n'est pas pour toi
Mes soirs de chauffe
L'odeur acide des filles
Leurs seins de fougère
Et leurs sexes d'ambre
Leurs corps superbes
Et leur esprit débile
Et les bêtises qu'elles disaient après l'amour
Je t'aime encor et encor prends-moi plus fort
J'ai la migraine mal aux dents je suis réglée
Mes espoirs déçus

Mais travaux à la chaîne
Mes travaux de forçat
Mes travaux anonymes
Mon salaire de mineur
Mon bordeau fleuri
Mon bordeau joli
Mon âme d'enfant cachée dans un paquet-cadeau
Au pied d'un sapin géant
Un soir de Noël enneigé
Mon envie de rentrer dedans
De me faire tout petit
De redevenir enfant
Des lumières dans les yeux
Il n'y a rien de plus beau qu'un ciel bleu
Avec ses petits paquets de nuages blancs
Mes yeux s'y identifiant
Et moi qui ne peux m'empêcher de l'admirer
Comme fasciné
Comme fasciné

———

Lune saoule

La lune est pleine
Pleine d'alcool
De gnomes sanglants
Et de maroilles

La lune est pleine
De monstres aux formes molles
De fées aux doigts d'aulnes blancs
Et de succubes aux vulves sans poils

La lune est pleine
D'écharpes blanches d'étoles
De volcans
De rousses éruptions cutanées et cramoisies égratignures qui se (dé)voilent

La lune est pleine
De vin de Feucherolles
De saindoux gras jaune et gluant
Et du reflet vineux des étoiles

La lune est pleine
Comme une vierge folle
Comme un monolithe errant dans l'infinité verte de la nuit-océan
Comme une araignée dans sa toile

———

Flash Bourbon

Flash Bourbon
Dieu est mort dans le silence péteux des comètes

Ma vieille Camarde vient vers moi
Approche je t'attends

Flash
Petit
Vient   dans
De   Juifs

Flash
Je   regarde
Au fond de
Dans   les

Flash
Et   toi   tu
Au fond de

Bourbon
promoteur bien loqué en prophète
notre cité vendre aux enchères nos croix
errants

Bourbon
danser des minettes
mon toi
bars louches où personne ne m'attend

Bourbon
danses petite nymphette
mes émois glacés dans mon bourbon dry

Quelque part dans une guerre lointaine meurent déjà des résistants

———

IIIème Exit avant la Sortie - Sans intérêt

Dans mon lit d'un autre désespoir
Je suis tombé saoul de vin
Dans l'ombre glauque et noire
Des heures pleines de désespoir

Mes veines caves jaillissent le sang coule sur mon miroir
Dans ma vie à l'ombre des vivants
Qu'il est triste de se voir
Vieillir tout seul un peu plus à chaque matin

Ma vie s'enfonce inéluctablement dans le néant
J'écoute bruire mort et sans un mouvement
Alité mal réveillé une patate entre les dents
La vie des autres - bourdonnante fourmilière de l'espoir

Trop saoul pour pouvoir encor clairement me voir
Je glisse tombe et m'affale lentement
Sur mon matelas de sommeil de tristesse et d'attente
Et je me meurs ainsi sans force au grabas sanglant cafard et blâfard

De sperme refroidi froissé moisi de l'attente longue et solitaire
Mes cadavres exquis dorment au fond de l'armoire

———

Deuxième *Saison en Enfer* - L'effet Coolidge

Voici venu mon temps de malheur
Ma deuxième saison en Enfer
Puisque tu es partie avec mon coeur
Et que le bonheur n'habite plus mon cimetière

Plus jamais quand tu prends ton bain

Chère que le désir innonde
Je n'entendrai le grelin
Gonfler tes myosotis immondes!

L'amour ne passe à tes octrois
Adieu tes Nymphes noires
Quand le soir l'ennui déploie
Sur moi ses ailes et distille son nectar

Ma solitude pourtant est heureuse
Loin des femmes-démons
Quand dans mon célibat à l'heure creuse
Raisonne toujours la douce chaleur du poëlon

L'amour qui se fane
Est plus libéral que Kerdrel rien à faire
L'âme des passions est volage et se tanne
Alors que mon verre n'est pas grand mais je bois dans mon verre

Le silence où je m'endors est décidément calme paisible et opaque
Loin des retz d'une mégère enragée
Sur le point de faire le dernier couac
Et je reste tout chargé de mon vice, qui a poussé ses racines de souffrance à mon côté

———

Miss Erre A Sol

Devant mon bol de soupe
Je pleure comme un gosse
"*Ils s'aiment comme avant*"
Souvenir flou et pé
-Nible d'il y a longtemps
Déjà
"*Ils s'aiment comme avant*
Avant les menaces et les grands tourments"
Tu vois tu verras
Du temps où j'étais gosse
Quand j'croyais encor qu'il suffisait qu'je bosse
Pour avoir du pez et du flooz
Quand j'en crevais déjà
La peur au ventre les tripes en viandox
De peur de pas réussir ma vie
Aujourd'hui
J'suis tombé sur un os
Et quinze ans après
Après tant de suicides et de galères
Fallait-il que j'me loupe
A attendre mère ASSEDIC
La gueule dans ma cuvette de chiottes
Avec l'Etat par-dessus
O misère parfois mieux vaudrait un plastique
Une bombe à St Michel
Un champignon en l'air
Faute sur mon drapeau d'Elles

J'su's pas pêchu
Tout nu
Je me retire en crabe et fiotte
"Ils s'aiment comme avant
Avant les menaces et les grands tourments"

———

Paraître - L'orbe du vin frais (Clodo)

L'ocre vin
La sombre liqueur
De ma solitude
Je trinque à toi
Mon vieux compaing
Des tristes heurs
Et de l'habitude
Je bois pour toi
Mon unique compagnon
Ma fleur
Et ma négritude
Mon vert aumônier
Mon loup charmant
Tu es à la fois mon quignon
Et mon vin
Mon pain
Et m'amie ma Madelon
Blanche robe de velours
Gris troubadour
De mon âme ensanglantée
Par le jus lépreux
De ta flamme
Aux contours sinueux
Fais-moi oublier
Toutes les femmes
Toutes ces doncelles
Que je n'ai pas eues
Toutes ces belles pucelles
Les jouvancelles et le bel écu
Qui dans ma main jamais ne ruisselle
Ne suis pas fils de prince
Ni même commis de bourgeois
Alors à l'huis qui grince
On ne m'ouvre pas *pas*
Mon solitaire
Compaing
Moi je suis comme le lépreux
Que chacun redoute et dont la clochette ténue
Effraie toute la province
Alors porte-moi en terne
Bien mieux que ta cousine la Mort
Messagère
Des dieux
Dont tu es le porte-faix
Mon Judas

Mon traître
Mon seul ami
Mon bourreau
Mon pichet
De vin frais
Mon muscat
Mon frère mon maître
Mon fiancé mon lit ma lie
M'amie mon alter ego
Mon tout beau grennelé
Mon hâvre ma peine
Mon âme mes veines
Quitte tes apprêts
De table
Et rejoins mon corps mon ventre et mon pet
Je t'appelle mon doux hypnos
Mon zéphyr mon kouros
Aimable
Vient coucher au lit
Frais et dispos de mes rêves
Sous le pont tirelo
Où s'arrêtent mon espoir et mes pas

————

Sodome

120 jours et 59 secondes
Voilà tout le temps qu'il m'a fallu pour t'aimer
Mais je ne pensais pas que tout cela finirait en couille
Popote Girl

Mais tu ne m'écoutes déjà plus ma ronde
J'aimais tes amers baisers
Tu aimais que je te fouille
Popote Girl

Mais aujourd'hui tu es moins gironde
Et je n'ai plus envie de te chasser
Ca m'foutrait trop la trouille
Popote Girl

Dis-toi bien sous ta perruque blonde
Oh mon amour péroxydé
Qu'il n'y a d'amour heureux ni d'amoureux qui ne se brouillent
Popote Girl

120 jours et 59 secondes
Voilà tout le temps que j'aurais mis pour t'aimer
Sans attraper ta chtouille
Popote Girl

Pourtant avec ma veine faudrait bien qu'j'm' sonde
Histoire d' vérifier
Etre sûr qu'y a pas d'embrouille
Popote Girl

Quand j'pense que sans ta verde faconde
Je n'serais même jamais rentré dans ton pieux mité
Quel pied miteux carabistouille
Popote Girl

En plus quand tu dors tu ronfles et tu grondes
T'es pire qu'une fusée
Qui pète et qui mouille
O ma tout' p'tit' Polpot Girl ma si p'tit' Polpot Girl

————

VI - GLASNOST

Allez vaï Marseille ferme un peu ta gueule
Ca sent la sardine jusque sur les quais de la Seine
Et t'as beau être du Midi
Tu confonds encore les coups de soleil et la nationalité

Comme t'as un accent tu crois qu'on t'juge sur ta gueule
Mais ferme un peu ton claque-merde ça pue la baleine
Mais dis-moi Marseille tes gars s'ront jamais des titis
Et toi vieille Mégère aux yeux frippés

Combien encore de bourlets
Faudra-t-il avant que tu ne t'asphyxies
Pour de bon sous ta graisse de vieille "putène"
Qu'a trop fait les quais d'la Seine

Avec ta vraiment très sale gueule
T'as dû en arpenter des trottoirs avant de monter à Paris
Pour nous faire suer avec tes relans à l'odeur malsaine
De paëlla mal cuite dans l'égoût puant de ta gueule

Moi, j'te dégueule!

Trilogie II : Terrorisme

Mais dis-moi Marseille
Depuis quant tu sors
Sans tes gardes du corps
Et dis-moi ma vieille

Méfie-toi du mauvais sort
Mais dis-moi ma grosse Mireille

Sous le poids de tes garces
Etait-ce bien toi au mois de Mars

Que j'ai vu dans le coin des bagages
De l'aéroport de Marignagne
Est-ce bien toi qui te faisais sauter par les trois rois-mages

Dont l'un était noir et venait de Dakar et les deux autres de ton bagne
Mais dis-moi Marseille sur la Calanque et au fond du garage
Etais-tu consentante ou t'ont-ils payé la passe?

————

Trilogie III : Marseille beurette

Allez Marseille
Arrête un peu de regarder passer les militaires
Entre la ligne bleue des Vosges
Et la république de Vichy

Allez Marseille
T'inquiète pas mémère
Tu seras aux premières loges
Quand le maréchal redescendra du Paradis

Allez Marseille
Pense à ce que disais Desproges
Un chien assis vaut bien un fonctionnaire
Debout et p'is pense à la Patrie

Qui t'appelle encore sous les draps jaunis et verts
De gris de tous ceux que tu as fait pendre dans la guarrigue parmi les sauges
Bistres, bleus et roses parmi les sauges
Bistres, bleus et roses parmi les sauges...

————

Au revoir, Marseille

Allez va Marseille, rentre chez toi
Tu pues la sueur et la bêtise
Allez va Marseille tes relans de pastis
Ne m'ont pas fait patte blanche comme l'oie

Allez va Marseille au jeu de la loi
Ta République doucement glisse
Et quoi qu'on en dise
Je préfère les tables de Platon à celles de tes hommes de droit

Allez va Marseille arrête un peu de me parler de toi
J'ai mal aux dents de ta franchise
Et ta République s'enlise

Allez va Marseille arrête-moi
Que mes fleurs enfin s'épanouissent

Sous les électrochocs de ta police

———

Claque-boue...

A chaque couille
Y'a une merde
Si Dieu avait fait un jardin du monde
Il faut croire que les hommes l'ont industrialisé

Munis de leurs bottes à crampons et de leurs embrouilles
Essayant d'en tuer le plus possible avant que Dieu ne les perde
Et les filles aux cyprines blondes
Et les animaux qu'il fallait bien moraliser

Cherchant sous la terre ferreuse des forêts de houille
Piochant et bêchant jusqu'à ce que Dieu les perde
Massacrant l'arbre impavide aux moignons branchies et
La bovine vache qui paisiblement paisse

Pleine de bave et d'inféconde faconde
Marseille jusqu'à ce que Dieu les fesse
A chaque couille
Y'a une merde

Au fond du trou ou "*Devine qui vient dîner ce soir*" 1994

Allez vaï Marseille te revoilà parmi nous
Ministres suicidés par la Gauche
Et Big Brother au parlement
Reste la Droite qui nous espionne

Elle a le cul dans les chiottes et la tête dans mon téléfoot
Et pendant qu'elle émerge de nos gogues
Fille de De Gaulle et de Pétain
Reste la Gauche qui se pantalonne

Elle qui nous jouait le jour de gloire au son de ses binious
V'là qu'douze ans après elle nous taxe même la dîme
D'TVA jusqu'à la gauche

Allez vaï Marseille te r'v'là parmi nous
Refais-le nous le coup du Juif bouffeur d'enfants
Mitraillé dans une maternelle anonyme

———

Le Grand M

Toi qui as les dents aussi longues que la peine
Et qui nous enchaîne
Toi qui a les dents aussi longues que la faim
Et qui mange notre pain

Toi qui a les dents aussi longues que la soif
Et qui nous fait chaque jour la poisse
Toi qui a les dents aussi longues que la nuit
Et qui nous embête et qui nous ennuie

Toi qui a les dents aussi longues qu'un jour sans paye
Toi qui a les dents aussi longues qu'un jour de veille
Toi qui a les dents aussi longues qu'une lune sans soleil

Toi qui a une gueule aussi longue qu'un carême
Et qui danse sur nos os blêmes
Marseille Marseille Marseille Marseille Marseille

———

Banshee - 2ème arrivée du Tour, 18 juin 95

Toulon
Préfecture maritime
Base navale et port de commerce
Retour à 1793
Et nos royalistes cacochymes
Livrent de nouveau leurs corps en laerte
A nos prétendants félons ou trop prestes
Retour au 27 novembre
De l'année quarante et deux
Mais aujourd'hui Toulon s'ouvre les cuisses plutôt que le bas ventre
Pour s'sacrifier à l'autel dégueu
Mais ce soir le dico de nos mémoires s'elzheimeure
Mais ce soir Toulon s'elseneure
Toulon
Préfecture maritime
Base navale et port de commerce
"*Getthee to a nunnery*"
Toulon
Chef-lieu vairon
Ophélie
C'est l'éternel retour des ministres félons
Mais ce soir le Larousse
De ma queue
Flaire une arnaque
A l'éternelle pétaine révolution
Mais ce soir quelle frousse
Ma queue
Filou en Charlot te maque
Filou a la Gaule au fond
Du cimetière
Sang j'enterre
Démocratiques élections
Dont la foufoune mouille
Exact
Compte-rendu d'avatars pré-historiqueues
Nos mairies
Ont ressorties

Le fusil
Et la croix de Lorraine
Milieu de la nuit
Plus d'envie
Charters remplis
Décollons vers de concentrationnaires explications
D'ici quelque prochaine
Guerre gagnée perdue quelque cinquantenaire
Avec Légion et avions
- Suspense - sur quel air
Nous brûlera-t-on
Maintenant que "je suis partouze"
A Toulon
Préfecture maritime
Base navale et port de commerce
<u>Fleuron</u>
De notre industrie

———

Bouse in France

Plus besoin d'aller la chercher en Bosnie Herzégovine
En Somalie ou en Palestine
Plus besoin d'aller la chercher
Au bout du monde

Plus besoin d'aller la chercher à Kinshasa
Au Liban en Irak
Au Guatemala
En Italie à Berlin ou chez le Grand Lama

Plus besoin d'aller la chercher au Tibet
A Moscou ou aux stalags
La voilà

La voilà pleine de vindicte
Et de morbacs
La Bête Immonde

Etrange Orange/Merde à Marignac/Tais-toi Toulon

———

Alineas

Qui qu'ira chez le cardinal de Bouillon
Certainement pas St Simon
Qui qu'ira chez Vauban
Ce vieux forban

Qui qu'ira chez le cardinal de Bouillon
Ce vieux fripon ce vieux cochon
Qui qu'ira chez Vauban

Mais qui qu'ira donc chez Vauban

Enfer misère
Gloire ministères
Galères pointes et fers
O Nice! Heureux séjour, montagnes renommées,
De lavande, de thym, de citron parfumée

Chèvrefeuille
Thym cerfeuil
O Nice! Heureux séjour, montagnes renommées,
De lavande, de thym, de citron parfumée

Glycine
Jonquilles
Résédas fauves
O Nice! Heureux séjour, montagnes renommées,
De lavande, de thym, de citron parfumée

Du fond de mon cerceuil
Moi le mort si fier moi au poignant deuil

Le mors entre les dents glisse
Paraffine
De l'étang ô Ophélie ô Eve

Quelle fille
La Mort
Qu'elle me hisse
Sur ses ailes mauves

Labor
Dans les champs de coton
Liberté Egalité Confiteor
Je suis un chien et les chiens ça gueule
Comme disait un certain

Ma dîme mon pain
Mais qui qu'ira donc chez Vauban
Mais qui qu'ira donc chez Vauban

———

Bitte occulte

Amarrée au vieux port
Dans c'coin perdu où n'pass' mêm' plus une chatte
Dans la nuit obscure qui se gratte
Se dressait cet' bitte occulte sans aucun navire qui la mord

Qu'est-ce qui s'passe alors
Quand personne la mate
Qu'aucune corde n'la cravate
L'écume marine la couvre et la dévore

Accrochée au vieux port
Ell' s'gâte
La bitte occulte dans sa p'tit' mort

Encastrée entr' les docks déserts et la marine flore
Elle pue elle sent fort
La bitte occulte qui s'angoisse et s'embête sans galère qui la bâte

———

*"Des appareils élévateurs sont installés
dans toutes les stations profondes"* (1943)

De La Fourche à la gare du Nord
De Jasmin à Michel-Ange Molitor
De la Place Balard à Latour-Maubourg
Ou de la Motte-Piquet à Lamarck-Caulaincourt

De Mouton-Duvernet à Corvisart
De Glacière à Barbès-Rochechouart
De Censier-Daubenton à Guy Moquet
Ou de Poissonnière au Près-Saint-Gervais

Des appareils élévateurs sont installés dans toutes les stations profondes
Des p'tites secrétaires en manteau d'ratine aux titis en borsalino
Des tractions-avant aux splendid' blondes

J'suis partout
Partout
De Varennes à Simplon ou de Passy à Issy-les-Moulineaux

———

Maria Letizia Ramolino ou Généalogie d'Ajaccio

Sous les pieds de Maria Letizia Ramolino
Il y avait un état et aussi un pays
Mais ce n'était ni Manuel de Falla
Ni Alicia Alonso

Qu'attendait Maria Letizia Ramolino
Et c'est à la mémoire de Consini ou plutôt de Leonora
Dori Galigaï
Qu'elle enfonça son talon dans la boue des défaites et l'horreur des victoires

Et comme si Alicia Alonso
Dansait à la mort d'un taureau
Maria Letizia Ramolino

Vieille ribaude
Comme aurait dit Brault de lancer sa triste ode
Sur le champ de nos déboires

———

Raisons

Et si Genghis Khan
Et si Tamerlan
Et si Auguste II et si Auguste III
Et si Pierre le Grand

Et si Bismark
Et si la bataille du Kosovo
Et si la guerre de Crimée
Et si Ben Gourion

Et si la Hongrie orientale
Alors peut-être n'auraient-ils pas tué Jaurès
Et si Potemkine

Et si François-Ferdinand et si la Main Noire
Si les peuples ne prenaient pas les armes pour la paix patriote
Et si 70 et si les Jeunes Turcs et si Mustapha Kémal avait raison?

———————

Le roi des Aulnes

Je voyais l'avion de chasse se poser sur la piste d'atterrissage
Blida
C'était pas Ouradour-sur-Glanes
C'était pas Shabra ni Shattila
Si Massu se souvient
Blida
Monsieur Auriol Monsieur Cotti
Ferra Tabas Messa Ajd
Blida
Z'auriez pas deux trois harkis
J'en aurais b'soin pour faire mon beur
Blida
Français "*Je vous ai compris!*"
Algérie algérienne mais en sang sans sein
Krim-bel-Cassem ta Charité n'a plus de saints
Pétain De Gaulle Blida
Blida Blida Blida
Mon père mon père ne le vois-tu pas
Mon fils mon fils ce n'est que le brouillard
Et dans le vent les saules qui battent
Mon père mon père... L'enfant était mort
Mon fils mon fils n'aie plus peur
Le roi des Aulnes est parti
Avec sa caravane
De Gaulle Pétain Blida
Blida Blida Blida
Si Massu s'en souvient
Monsieur Cotti Monsieur Auriol
Vincent ô Vincent cent vingt
Trois mille dix mille ce n'est pas sage
J'ai vu l'avion de chasse se poser sur le terrain d'atterrissage

Sans frein d'atterrissage et le parachute en torche ô Blida
Blida Blida Blida
Qu'est-ce que tu glandes dégage
Tu veux veux-tu donc une torgnole
Blida
Blida Blida Blida
Blida
Blida Blida Blida
Qu'est-ce que tu glandes dégage
J'sais pas si t'es dur de la feuille soeur Anne
Mais t'bile pas
Ça dégage au lance-flammes aux dames-jeannes
Au kaki au képi
Au crampons aux rassis
Blida
Si Massu se souvient
Qui m'délatte
Au beur au vitriol
Il se fait déjà tard
Blida
Il se fait de plus en plus tard
Il faut faudra bien t'faire une raison
D'Etat
Blida
O Blida
Blida Blida Blida
Ma petite Muse d'Afrique du "*Non*"
Mais il se fait déjà tard
Blida
Il se fait de plus en plus tard
Blida Blida Blida
Il est toujours cinq heures
Cinq heures quelque part
Il est toujours cinq heures quelque part
Ne le sais-tu pas déjà
Blida
Blida Blida Blida
Blida
Blida Blida Blida
Mais dis-moi
Mais dis-mois je ne me souviens plus
Mauvaise mémoire
Tête de bois sale histoire
Mais dis-mois
O oui dis-moi je ne me souviens plus
Bien était-ce donc déjà
Bien était-ce donc déjà avant ou après Diên Biên-Phiu
O oui dis-moi je ne me souviens plus
Bien était-ce donc déjà
Bien était-ce donc déjà avant ou après Diên Biên-Phiu
O oui dis-moi je ne me souviens plus
Bien tout cela était-ce donc déjà
Etait-ce donc déjà avant ou après Diên Biên-Phiu
Si Massu se souvient...

———

Quarante cinq et après?

Qu'as-tu fait de l'argent des juifs
Ma France mon Judas
Quand la guerre fut finie
Quand il s'acheva ton immonde négoce
Qu'as-tu fait de la maison des juifs
Ma France mon Judas
Quand d'une hâte trop précoce
De ton silicotique ghetto tu les extirpa transis
Qu'as-tu fait de ton honneur maladif
Ma France mon Etat
Tant le fut-il sali
Par tes contrats sans closes
Combien infidèle ô combien chétif
Ma France ton Etat
Fut-il aussi quand au soleil du midi d'un autre enfant il devint grosse
Et qu'ils revinrent marqués au front de trois 6

———

Avocats marrons

La Seine
Est pleine
D'avocats marrons
J'vais donc
Sortir mon book
Tonkin et Ouradour-sur-Glandes
La Seine
Est pleine
Perry Mason
La veuve et l'orphelin c'est du pipeau non
C'est qu'dans les books
Ca t'fout les boules et les glandes
Quand on y réfléchit donc
Merci Patron
S'faire enculer oui ça look
Remarque c'est pour gagner sa vie son pain demande
Châtaignes ça teigne
La Seine est pleine
Y'en a pas un qui vienne
Faux col et baleine
Perry Mason
C'est qu'dans les feuilletons
Juristes mafions se vendent se soukent
Aux plus pognons demandent

———

De la Légion (Et de 2 ou 3 autres choses du même camail)

(Après la fin de la guerre de 1945, les troupes françaises en Indochine étaient composées pour deux tiers d'anciens nazis allemands et d'anciens fascites italiens à qui les autorités françaises promirent l'impunité contre leur engagement dans cette guerre coloniale. Le dernier tiers était composé de volontaires français.)

O mon ami Fritz
Quand j'pense à ta ladislav
Qu'est allée s'r'faire une vertu en Indo
Quand j'pense qu'tu d'vais y sauver la France

Il était bien loin le blitz
Comme quoi l'honneur ça s'lave
Avec un peu d'sueur et un calot
Et puis qui sait... où l'histoire recommence

O mon copain Guido
Quand j'pense à ton faisceau
Une chemise noire dans la brousse jaune
A s'demander si les niakoués y r'connaitraient leurs bols de riz

Comme quoi on peut garder son latin même en Indo
Et qu'tous les ch'mins mènent à Rome comme disait Julo
Mais Dieu que la plaisanterie est bonne
Quand on dit qu'la Légion endurcit

Voici donc nos gendarmes chez les Germains
Engageant jour et nuit engageant à tour de bras
Puisqu' l'offensive ça s'rupine
Et qu'y faudra bien neuf ans pour s'r'faire une pudeur

Allons z'enfants voilà du boudin
O Jiap ô maréchal nous r'voilà
Mais dites aux enfants de la Chine
Que la victoire sur un tigre de papier leur rendra leur honneur

Souvent moi qui "*n'écris pas comme De Gaulle ou comme Perse*"
Dans mes souvenirs canins où je bois à l'autodétermination
Je me rappelle Monsieur De Gaulle Monsieur Auriol Monsieur Cotti
De ces jours anciens où vous parliez de la liberté de ces peuples

Et dans nos modernes palestres où des chérubins blonds s'exercent
Déjà à presser de Gilda le bouton
J'entends les bébés de Hiroshima qui gueulent
Avec ceux de Blida d'Ouradour ou d'Auchwitz

C'est pourquoi dans les bras fatigués des pins up
Je relis à l'abri de mes bombes de Concorde à napalm à neurones
Les vieilles pages racornies d'un ancien *Combat*
Où Judée se disait encore Palestine

Et sur le ventre d'acier des soldats en dîner de dupes
Nos connils Patries nous entonnent
"*Dieu avec moi*"
Comme si à leurs macabres stratégies on vaquait en un Paname qui ouvre ses vitrines

———

"Legio Patria Nostram"

"Honneur et Fidélité"
Vivre et Mourir
Faire Cameron
Sacré Coeur

"Honneur et Fidélité"
Abd-el-Krim un martyr
Quelques charges dragonnes
Sacré Coeur

"Honneur et Fidélité"
Sur les champs de l'honneur
Viandangent de noirs corbeaux
Sacré Coeur

"Honneur et Fidélité"
Les enfants pleurent
Mères-Patrie dans leurs bols de gruaux
Sacré Coeur

"Honneur et Fidélité"
Quand je te vois bébé je voudrais me faire lesbienne
Pour coucher avec toi
Sacré Coeur

"Honneur et Fidélité"
Neuvième symphonie sur chants de haine
De désespoir et d'enclume que Héphaïstos (a)bat
Sacré Coeur

"Honneur et Fidélité"
Marteau sur mon crâne
Dans le chaud désert salé
Sacré Coeur

"Honneur et Fidéllté"
Cris des shamans
Plaintes des forêts sous quelle bêche quelle épée
Sacré Coeur

Honneur et Profit comme disaient nos appels d'embauche
Tout mettre à sac
A feu et à sang
Sacré Coeur

"Honneur et Fidélité"
Puis retourner BMC
Puis se solder pour des tourments
Sacré Coeur

"Honneur et Fidélité"

J'étais beau j'étais blond
Si tu n'es pas sage petit gaffe au petit français
Sacré Coeur

"*Honneur et Fidélité*"
Je m'suis battu pour la paix et ses frissons
Même contre d'autres français
Sacré Coeur

"*Honneur et Fidélité*"
La Patrie a des raisons
Sans doute mais faudrait
Sacré Coeur

"*Honneur et Fidélité*"
Qu'elle arrête ses flonflons
Pour de bon pour de vrai
Avant qu'tous on n'r'sorte pour l'flamber l'Sacré Coeur

———

Chasse aux sorcières

J'me souviens c'était en 1809
J'suis arrivé à Valladolid
Avec mes héros qui pointaient sous ma chlamyde
Un fusil et trois nerfs de boeufs

J'me souviens c'était en 1949
J'suis arrivé à Da Nang
Avec ma libido mes vidéos X et ma bombe au Napalm
Avec mes livres de droit et sur le dos une vieille cangue

Et j'vous jure qu'le jour du grand Bang
On aurait mérité la palme
On a eu qu'la Légion d'Honneur manque de yang
Mais c'était pas mal hum?

J'me souviens c'était en 1959
J'suis arrivé à Oran
Avec ma république et mon lance-flammes
Mais c'était encore pour De Gaulle et Morand

A moins qu'ç'ait été pour Maurras Pétain ou Paname
J'me souviens c'était en mai 68
J'suis arrivé avec mon oscidactil et mon prurit
Avec mon drapeau et ma belle âme

J'me souviens c'était en 90 et des poussières
J'suis arrivé à Abraq Kheetan
Avec mon blanc mon rouge et puis Marianne
Avec mes nègres mes boys et mes cantinières

Avec mes missiles patriotes et mes dollars
Avec mon chewing-gum et mon costard

De chez Dior ou Lacroix

Avec mon Christ en bandoulière et mon auréole en forme de croix

Avec ma Marseillaise et mes Droits de l'Homme
Avec mon pilori et ma Vierge de fer
Avec l'Inquisition Institoris et Sprenger
Avec Voltaire mais dans la cage à Belhomme

Avec mes Ministères de la Culture et du Temps Libre
J'me souviens c'était aujourd'hui ou peut-être demain
J'suis arrivé ici ou peut-être à Saint-Vincent-les-Moulins
J'ai cassé du nègre et du youpin

Du p'tit gris avec mon gros calibre
C'était pour Le Pen et certains
C'était encore pour la Patrie et le Bien
C'était oecuménique et puis c'est pas grand chose tous ces p'tits riens

———

Saquiet-Sidi-Youssef

Octobre 56
Ben Bella revient du Maroc
Février 58
Saquiet-Sidi-Youssef
Deuxième bavure
A quand Salan
D'abord Blida puis Sétif
Première bavure
A quand Salan
Ben Bella n'arriva jamais du Maroc

Premier détournement d'avion
L'heure du terrorisme était ouverte par l'armée française
A quand Salan
Les champs d'alpha brûlés la torture
Les femmes violées les détournements d'avions
Saquiet-Sidi-Youssef
Bavure française
Déploiement de forces
Pour briser les sain(t)s élans de liberté
A quand Salan
Saquiet-Sidi-Youssef

1er mai 1995 - "Sur le pont larirette"

Salut, salut à vous,/ Braves soldats du 17ème;
Ce matin j'ai vu blanchir sous le crin des chevaux
L'arme blanche et les grands coutelas
De notre belle jeunesse toute harnachée des bottes au calot
Pour ouvrir toutes grandes les portes du Roi
A ce nouvel Ordre qui ne par le billot
Dès à présent doit protéger la Veuve et la Loi

Salut, salut à vous,/ Braves soldats du 17ème;
Donnant la main à ma belle Moi
Qui dessus le pont allait goûter les frais canaux
Pleins de vin de lavande et de fins bateaux
A la coque si fragile et aux ils mâts
Mais ce soir les feux de la fête se sont éteints hélas
Le fleuve soudain est deve rouge du sang d'un pendu aux grelots

Salut, salut à vous,/ Braves soldats du 17ème;
Voici donc à nouveau
Dit-on les Sarrasins en nos riches Etats
Et la Bête Immonde a resurgi ma mère de biseau
Et voilà donc nos modernes Coclès nos borgnes soldats
De derrière le bois
Venus plantés en nos yeux humides leurs si beaux drapeaux

NARBONNE. — Évènements des 19 et 20 Juin 1907

Salut, salut à vous,/ Braves soldats du 17ème;
Mais maudit Dieu à nos tendres puceaux
Tous prêts au combat
Est-ce Poitiers est-ce Orléans qui ce soir ressortent leurs fracs
Mais quel Buridan quel salaud
Sur les eaux calmes et paisibles où coulent les caniveaux
Jeta mon âme aux limons grenats

Et si cette nuit sous les étoiles
Lointaines et froides
A mes doux bras
M'emportaient aussi dans leurs vignes
Vos antiques Stryges...
Mais tes mouches tardent Atropos
Salut, salut à vous,/ Braves soldats du 17ème;

189

———

O nighteux et sombre désespoir
O claire fontaine des héros
Je ne serais jamais plus rien d'autre ce soir
Qu'un sombre idiot

O source claire de l'espoir
O triste complot de mes mots
Dans l'absence d'un Autre dérisoire
Mais déjà je m'enfuis sous la voûte constellée de leurs obus nationaux

———

Contre les Prosémites et les Nazis

Auschwitz et Ausbruck
Quelle blague mon vieux cousin Schultz
Mais qui se souvient
Du Cameroun ou de la Malaisie

Baby Fuck et Donald Duck
Quelle connerie mon ami Just
Mais qui se souvient
De l'Amérique Espagnole ou de l'Asie

Hitler ce qu'on en suck
Quelle foutaise mon ami Turc
Mais qui se souvient de la Palestine et de la bande de Gaza

Mais qui se souvient des Palestiniens et des enfants de Mustapha
Mais une lettre s'inscrit en blanc de sang sur le noir du Destin
NAZI

———

Würstl

Faut pas plaisanter
Savez-vous avec l'Oncle Sam
Il vient nous sauver
Du Diable de Postdam
Alors laissez mouiller
Les jeunes dames
Les GI's en armée
Vont nous éviter le drame

Mais laissez-moi donc braves gens
Pauvre et gentil ménestrel
Vous conter l'histoire du conscrit loin
De sa caserne
Qui un soir de beuverie plein

D'Affligem de Bulldog ou d'Eku Weisen
Mis à feu et à sang
K-town Kaiserlautern

Insulté par un rouge
Un Allemand
Out of the world
Notre bidasse américain
Revint en ville à bord
De son tank
Ecrasa 46 voitures
Autant de poteaux télégraphiques installations publiques en tous genres

Comment voulez-vous après ça
Que les petits enfants d'Hitler et de Schiller
Aimassent
Notre grand frère
Quand il leur envoie
Des recrues qui ne tiennent pas la bière
Et 20 ans plus tard pour couronner cela
Quelque tueur en série comme Jeffrey Dahmer

Tueur en série
Sans éducation
Et porté sur
La permise boisson
Car les généraux de Jack Flash préfèrent
Dit-on lâcher de la pression
Pour que s'il attaque le salaud moscovite
Nos jeunes bouseux en plastron
Avec entrain défendissent
Leurs positions

D'ailleurs à propos de Dahmer
Celui-ci
Laissa derrière lui
Assurément beaucoup de canettes vides
Et aussi cinq victimes
A ce qu'on dit

Mais quand la germaine police
Apprenant qu'en zone occupée
Avait séjourné l'illustre monstre de Milwaukee
Demanda des comptes aux supérieurs responsables
Du ô combien glorieux GI
Les crimes commis outre-Atlantique
Semblèrent ne pas retenir l'attention

Aussi même si l'un de ses camarades
De régiment
Avoua que peut-être
Il avait pu vraiment
Etre responsable
Au moins de la mort d'un auto-stoppeur allemand
Il ne sera pas accusé

Pour un si petit rien

Seul le "Bild Zeitung"
Bien connu

Pour sa bienséance
Titra sur une victime opportune
A qui malheureusement
Il n'arracha pas le coeur
Comme promis le 28 juillet 91

Cependant en exergue
Puisque de coutume il en faut
Que puis-je dire sinon
D'un mauvais poulbot
Né dans le comté de Summit
Dans l'Ohio
A rien de meilleur sûrement
Il ne fallait s'attendre

Quand on pense
Qu'à l'université de Kent
Du voisin comté de Portage
Quelques années plus tôt
La Très Sainte Garde Nationale
Chargea et massacra
Les quelques étudiants trop fiers
Venus manifester
Contre le génocide du Viet-Nâm

————

"Aladdin Sane"

Ecoutez pauvres gens
Ma chanson d'amour et de mort
Ecoutez pauvres gens
L'histoire de mon discord
Car je ne suis rien d'autre
Qu'Aladdin Sane
Car je ne suis rien d'autre
Qu'Aladdin Sane
Ecoutez pauvres gens
Ma chanson de pauvre hère
Car le fil des jours multiplie notre misère
Alors écoutez pauvres gens

Voici donc le portrait de quelques militaires
De leur junte et de leur gouvernement totalitaire

Voici donc l'histoire de la moderne villégiature par Air France
De quelqu'un de nos présidents qui sur nos deniers visite l'Afrique
Alors écoutez pauvres gens
Voici ma chanson qui raconte une sombre histoire mercenaire
L'histoire de Bob Morane ou de Bob Denar dans son hélicoptère
Qui mitraille quelques nègres pour notre érotomane présidence
Voici donc l'histoire d'une raison d'Etat et de fric
Aussi écoutez pauvres gens
Ma chanson pauvre chanson de misère
C'est l'histoire d'un wagon de caviar de putaines russes et de taf via l'Elysée-Matignon
Pendant que quelques clochards crèvent dans l'asile de Nanterre
Alors écoutez pauvres gens
Ma chanson du Mont-Valérien et du Père Lachaise
Ma chanson des sans-logis et des maîtres-chiens qu'on dresse
Des logements sociaux dont la mairie de Paris a fait bétonner les portes et les fenêtres
Alors écoutez pauvres gens
Ma chanson pauvre chanson de misère
C'est l'histoire des parcs automobiles interministériels
Ecoutez ma chanson
Ecoutez pauvres gens
Ma chanson de honte et de tristesse
Avant qu'un RG vienne fusiller mes portes et mes fenêtres
Pour me refaire le coup du pasteur Doucet
Car au fond je ne suis rien d'autre
Non qu'Aladdin Sane
Car au fond je ne suis rien d'autre
Non qu'Aladdin Sane

Ecoutez pauvres gens
C'est l'histoire de la brigade des moeurs sur les Champs Elysées
Qui va impunément maltraiter
Un femme seule un homosexuel
Ecoutez pauvres gens
C'est l'histoire vraie
D'un arabe tabassé
Ou bien peut-être jeté d'un wagon d'un pont
Car au fond je ne suis rien d'autre
Non qu'un Aladdin Sane
Ecoutez pauvres gens
C'est l'histoire de la haine ordinaire
Orchestrée jusqu'au parfaire
Par les journaux les sondages et la télévision
Ecoutez pauvres gens
Ma chanson elle raconte comment un ministre marron
Impose les pauvres gens
Et s'arrange pour que son fils ait un abattement sur le prix de son loyer
Ecoutez pauvres gens
Ma chanson elle raconte que tous les journalistes
Sont logés gratuitement
Dans les appartements sociaux du Ministère de l'Intérieur et de la Libre Pensée
C'est l'histoire de la Sécu et des millions qui disparaissent
Dans les Ambassades les Ministères
C'est l'histoire de la taxe d'habitation de gaz et d'électricité que les chômeurs s'ils ne sont pas soixantenaires
Doivent acquitter sous peine d'aller en prison histoire ordinaire de la détresse
Mais moi que suis-je d'autre
Au fond dites-moi pour vous en parler qu'Aladdin Sane
Mais moi que suis-je d'autre
Au fond dites-moi pour vous en parler qu'Aladdin Sane

———

Poulet Scories

Lundi j'ai cassé du beur
Un p'tit jeune trop insolent sans carte d'identité
1er blâme
Mardi j'me suis fait un drogué un dealer
D't'façon l'aurait bien fallu l'faire cracher
2ème blâme
Mercredi j'ai cassé les quilles à un mac d'Honfleur
Y voulait pas casquer
3ème blâme
Jeudi j'ai fait scarface à sa gagneuse
Elle voulait pas m'refiler son blé
4ème blâme
Vendredi sur l'coup des 5 heures
Après l'boulot j'ai été voir un p'tit commerçant qu'était en r'tard pour payer
4ème blâme
Samedi j'ai été mettre mon bulletin dans l'urne
Bien sûr j'ai voté FN on est pas en sécurité
5ème blâme
Dimanche jour du Seigneur

Arrêt d'travailler
Pas d'blâme
Lundi j'ai cassé du beur
Du jeune d'l'étudiant et d'l'émigré
6ème blâme
Mardi j'ai violé une gagneuse
Voulait pas s'laisser faire moi j'l'ai convainquée
7ème blâme
Mercredi j'ai écrasé un cocker
J'aime pas les chiens p'is j'ai foutu la trouille à sa mémé
Non mais des fois voulait porter plainte
2ème réprimande
Jeudi j'm'suis r'fait un drogué un dealer
1ère nomination au tableau des flics de la s'maine
Vendredi prend aucun appel (cause) beurrage et sieste syndicale au QG

––––––––

Moderne Silène

Je voyais s'avancer ce moderne Socrate ce Silène moderne
Et sa troupe de démons ailés
Avec leurs dragons verts leurs elfes jaunes et leurs balais défoncés
Nageant sur le corps bleu des nuages amènes

Personne dans la ville ne discerna leur chant de celui des sirènes
Accrochées aux bouées trouées du vieux port désaffecté
Un sombre cortège de bacchants pourtant s'était approché
Levant dessus leurs têtes de noirs coupes remplies au jus de l'aine

S'immisçant dans les sinueuses veines
Agglomérées de goudron de la cité
Refluant vers les hautes terres anciennes

Touchant nos actes du bout de leurs doigts verruqueux étranges catéchumènes
Récoltant le blé en herbe et le vin pressé par ces esclaves sans chaînes
Et dansant sur le cadavre de Lycurgue ils ont continué d'avancer

––––––––

FIS

Au 44
De la rue Bonaparte
Dort l'Histoire
De mon Pays
Et aussi la Liberté pour l'Algérie

Au 44
De la rue Bonaparte
S'élève encor une voix quand vient le soir
Et que tombent de nos écrans d'ineptie
Les télex portatifs et proctologues microsondes auditives du pouvoir

Et quand la liberté se vend au journal de 20 heures

A la solde de quelque ministre de pacotille
Et d'un Etat de Terreur
Alors se pose *La Question* Je suis Anti-colonialiste

Au 44
De la rue Bonaparte
Entends battre mon coeur
C'est pour toi qu'il bat et la liberté de vos filles

Ne salis pas ma Mémoire
Je t'implore mais verse un pleur
Et prends les armes contre l'injustice
Si tu le peux Allah alors se souviendra de toi mon Fils

Car au 44
De la rue Bonaparte
Moi je pleure encor vos Martyrs
Et je sais que je ne suis pas le seul

Car au 44
De la rue Bonaparte
Personne n'a le droit de brader le sang de tes Harkis
Et je crache encor une fois à la gueule de ma Très Sainte Mère-Patrie

———

Aux Enfants d'la Patrie - "*Bunker Palace Hotel*"

Mais la Victoire est dans nos mains
Une bombe a explosé au 44 de la rue Bonaparte

Et l'écho de nos voix mortes
Chante l'espoir des lents lendemains
Je voudrais pas crever avant d'avoir connu les chiens noirs du Mexique
Il pleut des curés et des chiens
Y'a du sang sur ma ch'mise dans mon body bag
Bunker j'entends le chant des bunkers
Mais la Victoire est dans nos mains
Je voudrais pas crever avant d'avoir connu les chiens noirs du Mexique

La Blanche Tyché s'est niquée dans les tanks engrangés de pétrin
C'est l'retour de Pétain d'un multiple ou d'un autre
Palace les places s'embrument des gaz d'échappement
Je voudrais pas crever avant d'avoir connu les chiens noirs du Mexique

Hôtel à l'hôtel de nos amours déplacés et malades
Le retour de ton amour sous le frein d'autres éperons d'argent tarde
Mais la Victoire est dans nos mains

———

Moules-frites et vin blanc à la Côte des 2 Amants

Fais péter tes claquettes
Ramène tes rouflaquettes

Les mains sur Ginette
P'is vas-y pour la baston

Un air de quick-step
Deux-trois fleurs de musette
P'is un verre de quinquet d'la guinguette
Vas-y pour la baston

On est pas des bêtes
On s'attache quêque mignonette
Mais faut pas nous marcher sur les roupettes
Allez vas-y pour la baston

V'là les Rachid les Manolettes
Qu'arrivent avec leurs chaînes et leurs boucles d'oreilles
Alors nous on jette nos mégots on rajuste nos casquettes
Et vas-y pour la baston

———

Sport 68-96 (autodafé)

J'irai rue Toscane
Avec Tommy Smith & John Carlos
Peut-être ne m'accompagneront-ils pas

Alors j'irai seul rue Toscane
Et je boirai à Tommy Smith & John Carlos
Entre une larme pour Juppé et une autre pour Cuba

Je trinquerai à Ron Freeman
A la révolte des Misquitos
Entre une larme pour Salan et une autre pour Carpentras

Je n'écouterai plus les chants des chamans
Je regarderai les enfants qui n'ont plus d'os
A Brazzaville Rio à Muqdisho ou Pretoria oh Mandela

———

Malcom X

Malcom X n'est pas un héros de BD Malcom X
Superman ne s'est pas penché sur son berceau
Malcom X n'est pas sorti d'un Comic's
Malcom X n'a pas de drapeau

Son linceul s'envole vers celui de Martin Luther King
Comme la flamme noire d'un Christ noir
Mais Saint Jean-Baptiste n'est pas né dans le Queen's
Et Mahomet est Bamboula jusqu'au Harrar

Malcom X est un héros sans gloire
Au panthéon des blancs ça fait un négro au placard
Malcom X est tombé du ring

Au total ça n'a fait ni la Une ni un been's

Tout le monde s'en fout d'un négro
Qui crève dans une rixe
La liberté si c'est pas un cadeau
C'est qu'un mot à sensation pour les politicards et les canards

————

Caves sarcoptes

Y fait noir j'y vois rien
Au fond du trou d'une cale
Le cou les pieds et les mains enchaînés
A la lourde rame immobile d'un banc bancal

Sur le navire blanc comme le crin
Des chevaux albinos de la mer morte
Les côtes rougies par le fouet et l'écume salée
Sur trois continents qu'importent

Pour quelques maigres deniers
Sel piment épices tabac
Femmes toiles de draps curcuma
Rhum jamaïcain et nippes sales

L'odeur des tonneaux de harengs et de porc séchés
Transperce nos nez
Sans mouchoir à travers les lattes bouchées au purin
A la quille une lanterne myope se bringuebale

Contre les restes puants d'un bucrane décharné
L'odeur nauséeuse des tonneaux de poisson et de porc séchés
Attaque maintenant la carène et nos peaux bouffées
Par les scolytes les sarcoptes caves et les poux de San José

————

Lettre d'un démissionaire

J'suis au bar et j'veux pas trinquer
J'suis au bordel el j'veux pas triquer
J'suis au turbin et j'veux pas bosser
J'suis au passif et j'veux pas passer

J'suis à l'église et j'veux pas prier

J'suis en contentieux et j'veux pas trier
J'suis sur la route et j'veux pas tracer
J'suis sur le ring et j'veux pas boxer

J'suis aux gogues et j'veux pas chiasser
J'suis au tripot et j'veux pas tripoter
J'suis au zoo et j'veux pas regarder

J'suis au bar et j'veux pas bavarder
J'suis au cirque et j'veux pas applaudir
J'suis à la guerre et j'veux pas tuer, ni mourir

––––––

Missionaires

Au courage qu'a la Mort de toujours nous abandonner
Au courage sinistre et magnifique qu'ont les larmes
De couler le long du limon jaune
Des lèvres silencieuses

Au courage qu'a le Mort de ne plus vouloir se suicider
Au courage volontaire de la Sainte Rouille qui dépose les armes
A cette femme qui n'attend plus couchée sur la lyrique onde
Dans les nénuphars les farns et les schilfs éperdue comme heureuse

Aux lâchetés de ces hommes en armes
Combattants et caparaçonnés
Sous l'humus et la terre

Ou bien encore debouts face aux canons qui tonnent
Déjà presque morts sous les vertus d'une patrie hasardeuse
Dans la brume et la misère

––––––

Enfer et bottes à crampons

Nouvel arrivage de morts en sursis
Pour venir gonfler les rangs de la Patrie
Nouvel échantillon de rejetons
Pour entrer dans les rangs d'une religion

Beaujolais Nouveau et Mères-Patrie
Siliconne et bottes à crampons

Mein Kampf sur ma table de nuit
Et la *Bible* dans la poche de mon pantalon

Enième anniversaire du débarquement et du 14 Juillet réunis
Sous les oripeaux des légions
Flottent les drapeaux rassis

De la république népotique
Bandes de vigiles hystériques
Et millions de Cerbères en faction

————

Débits et boissons non comprises - Un jour sans Eucharistie

Tranches de vie
Serait-il trop tard donc
Pour y faire quelque chose
Vision de tranches de corps et de tronches décapitées

Qui se débitent vision d'hôpitaux asexués
Et de mitrailleuses aux fesses roses
Visions d'infirmières quelconques
Sous le feu de l'ennui

Visions de morts encore en vie
De bras tendus et figés dans leur pose
Visions de généraux à cheval sur des hommes-troncs

Visions de cités englouties dans la solitude de la nuit
Rêves qui se tronquent et fantasmes complétement junks
Tranches de vies

————

Gottbegnadet Tag

Ressortez vos vieilles frusques SS
Et vos casques à pointes
Le mur est tombé
Préparez les bottes

Et les baïonnettes
N'oubliez pas de dire une messe
Pour le petit Jésus la Vierge et toutes les saintes
Ressortez vos Bibles vos missels et l'Histoire des Goths

Et revenez déplumer vos anges bleus dans nos guinguettes
Le mur est tombé
Détachez Cerbère de sa laisse

Et n'oubliez pas la génuflexion le lance-flammes entre vos mains jointes
Refaites-nous le coup du pédé du juif anti-patriotes
Le mur est tombé - débouchez les canettes

―――――

Capitalism's new trip

Sortez les fusils
Les communistes sont là
Le Diable boiteux aux relens de goulag et de vodka
Allez ressortez-les vos *Bibles* et vos croix moisies

Le géant afghan a montré le bout de son zizi
Caressez-les vos tables de la Loi
Allez chanter vos hymnes dans vos églises en bois
Et ressortez-le votre vieux Mac Carthy

Alors vous pourrez mes amis
Nous parler du droit
Et de la liberté de chaque pays

Mais dîtes-moi ô vous enfants de l'ONU et des Etats-Unis
Ne vous en ressouvient-il pas de Cuba du Chili
Des Apaches et des Cherokees

―――――

"Que je t'aime"

J'ai pleuré mes dents
Les larmes au fond des poches
Odessa
Potemkine te souriait
Bleu dans sa gaine de cuir et d'acier
Au milieu des champs de blé
Mais les soldats arrivés
"Salut à vous braves soldats du XVIIème" comme ils chantaient
J'ai pleuré mes dents
Les larmes au fond des poches
Odessa
J'ai pleuré mes dents
Les larmes au fond des poches
Odessa
C'est pour ça qu'aujourd'hui
Mon p'tit RMI
Ma tendre ASSEDIC pleurent sous les tanks du 14 juillet
La gueule en fleur sous les pavés
D'un autre quelconque mai 36 ou 68
Alors j'ai pleuré mes dents
Les larmes au fond des poches
Odessa
J'ai pleuré mes dents
Les larmes au fond des poches
Odessa

―――――

L'Enfé - Glasnost

Moi aussi j'étais au Potemkine
Moi aussi j'ai pleuré pour Odessa
Moi aussi je suis entré à Varsovie
Moi aussi je portais des bottes à clous

Moi aussi je me suis battu
Contre les renégats tour à tour
Sionistes et puis titistes

Moi aussi j'ai aimé vos belles de joie
Moi aussi j'ai joué l'éternel retour

Moi aussi j'ai fait la guerre des mondes
Un soir de radio crochet
Moi aussi j'ai été voir les Guignols
Du petit canut lyonnais

Moi aussi j'ai voté pour le citoyen Cohn
Moi aussi j'ai été prosémite
En voulant tous les renvoyer à Jérusalem

Moi aussi j'ai goutté au mur des Lamentations
Moi aussi j'ai barbelé les stalags d'ici et de partout
Moi aussi j'ai appris le travail
Dans de concentrationnaires kibboutz
Moi aussi j'ai descendu le Kosovo
Dans une toile de tente
Vêtu de cuirs et harnaché en Mongol
Moi aussi j'ai succombé à Marignane

Un 18 juin de fin de campagne
Quand le soir rouge ou blanc descendait le long des toits

———

Scout always

Dans nos maisons de la jeunesse aérée
On chante le "*Cornet de frites*" de Montand
On va à la fête de Jeanne d'Arc
Et on rêve du casino où qu'une fille pleine de plumes danse dans une cage

Dans nos maisons de la jeunesse aérée
On s'refait Elo et Marignan
On visite le château de Versailles et son parc
Et moi j'attends d'attraper la rage

Dans nos maisons de la jeunesse aérée
On fait des BA et des feux de camps
On vend des images pieuses et de belles cartes
Et moi j'attends d'attraper une méningite devant un type qui gueule dans son micro en nage

———

Le Dict du Dyptique réuni

Appelle-moi Nostalgie
Fatima Benouioui
Fille de Bokassa et du Tchad gris
Aux oreilles d'argent et au ventre de rubis

Appelle-moi Calomnie
Marcel Favori l'Abruti
Fils de la France et de Vichy
Aux mains en sang et à la bêtise inassouvie

Appelle-moi Souris
Aux cheveux en Italie
Et aux couleurs d'harmonie

Millésime fini
Appelle-moi Parti
Appelle-moi pourri

————

Zig-Puce IIIème millénaire

J'en ai marre de vivre ma vie
Comme on la vit ici
P'têt' qu'un jour
Quand quelques huissiers vérolés au teint gris
Accompagnés d'une milice masque-à-gaz et fumigène aux pieds lourds
M'auront j'té dehors
J'irai en Afrique
Pour attraper la chtouille et le béri-béri
Clodo dissentrique
Plein de poux de tics de corne et de cors
J'irai culbuter les étoiles nègres
Sur le bord de notre grande sphère
Et éjaculer loin d'où couche la pègre
Dans nos grandes cités suicidaires

————

"Viajes Viajes"

J'irai voir New York
Ou à défaut Newark
J'irai voir Valence
Ou alors dans la Drôme
J'irai voir Byzance
Et la Grande Mosquée Bleue avec son dôme
Ou alors Plaisance
Dans le Gers avec mon mobil-home
J'irai voir Constance
Et Placenza le palais Farnèse
Pillnitz

Et Maastricht
J'irai à Trêves à Trente
A Orange et à Rome
A Gézireh à Guam
Ou à Javel à Mantes
La Jolie en Région Parisienne
J'irai au Musée de l'Homme
Plutôt qu'à Java j'irai dans l'Aisne
Après tout moi j'm'en fous d'voir Ephèse
Sorrente
Palerme Catane Tunis ou Athènes
Du moment qu'j'ai la Mayenne
Et p'is l'Isle-et-Vilaine
J'm'en fous d'Artem
Quand j'descends la Grande Couronne
Pour aller voir Yvonne
J'm'en fous de Grenade du Belize et de Ciudad Juarez

———

Fauteuil - Ecran de surveillance

J'ai contemplé les rives de l'Euphrate
Et du Gange
Où les anges
Annonçaient aux troupeaux les Epitres aux Galathes

J'ai vu Rome écarlate
Et Paris dans la fange
Renier Dieu en Sorbonne quand ça l'arrange
J'ai vu Londres et New York livrés aux dandys et aux fats

J'ai vu Hong-Kong à midi pris dans les filets de sa hâte
Et gouté les capiteux parfums de l'exotique Orange
J'ai vu le désert où David combattait Goliath

J'ai écouté les vieux maîtres m'apprendre au jeu de go comment à tous coups faire mat
J'ai vu Rio écrasée sous le soleil et tous ses dieux poliades
Et parfois j'ai endormi l'enfant Bacchus de Bethléem dans ses langes

———

Bitterness

A l'ouest du Pecos petit
Il y a des chacals affamés
Des femmes déplumées
Et des demis-sels dans de sordides salons qui cachetonnent toutes les nuits

Mais ici petit
Il y a des nègres à n'en plus savoir que faire
Et des ghettos plus sordides que des fers
Et notre télé néo-fasciste qui s'en forge des alibis

That's the story of, that's the glory of love

Sur les bords de la Volga petit
Il y a des crinolines déchirées
Et des glaces pour l'éternité
Avec par-dessus tout ça deux ou trois goulags pour faire sa nuit

Mais ici petit
"Dieu est nègre" à la Santé
Et Dreyfus n'a pas encor réintégré l'armée
"Merde à Vauban" les barricades sont démollies

That's the story of, that's the glory of love

O ma petite soeur du Temestat dans le lit de nos dimanches
J'entends déjà chanter Thiers
Et la cavalerie depuis hier
O M. Deschanels dire dire que mon pays c'est la France

That's the story of, that's the glory of love
That's the story of, that's the glory of love

A l'ouest du Pecos petit
J'entends le cri des indiens à l'agonie
Les Chinois meurent sur la voie de chemin de fer
Dans les champs noirs de coton du Mississipi

A l'ouest de la liberté petit
Je vois Lafayette cocarde blanche
Au bicorne et les bouges glacés de Goodis
Le rêve américain planer ailes brisées sur ma cité

That's the story of, that's the glory of love

Ce soir au fond de mon cagibis
J'entends des attaques de banques
Je vois des doigts sur des gachettes de revolvers
Giffles sur Yvette dors dors encor paisible petit

That's the story of, that's the glory of love
That's the story of, that's the glory of love

———

Solitude 2000

"La solitude ça n'existe pas"

Enfermé dans mon taudis
Au rez-de-chaussée
De ma banlieue bidon
Mais *"La solitude ça n'existe pas"* non
Quand je rêve à notre amour parti
Et qui n'est plus là qui est démodé
J'entends les anges qui me jouent du violon
"La solitude ça n'existe pas"

Caparaçonné dans mon caleçon des jours sans pipi
J'écoute ma voisine se toucher le dé
A travers nos murs en papier maché et béton
"La solitude ça n'existe pas"
Et pendant que la télé m'assaisonne au kaki
Quelque part en Afrique pourquoi le cacher
C'est vrai je rêve de son bouton
"La solitude ça n'existe pas"
Alors dans ma cage de verre poli
Je fais vitrine pour les mémés
Qui le dimanche s'en vont deux par deux au Petit Trianon
"La solitude ça n'existe pas"
Alors en attendant que ma joie revienne ou mes amis
Attablé au repas des nèfles et du panais
J'imagine les ASSEDIC le RMI un salaire des tonnes de pognon
"La solitude ça n'existe pas"
J'écoute à la radio mes *"danaïdes démocraties"*
Papoter et puis perler
Sur nos lits d'urnes où parfois encor nous fantasmons
"La solitude ça n'existe pas"
Le plus drôle c'est que tu ne m'as même pas écrit
Pour savoir comment ça allait
Alors je m'écris des paquets de lettres en m'imaginant qu'un jour ensemble nous les dépaquetterons
"La solitude ça n'existe pas"
La speakerine me sourit
Je zappe et je vais me coucher
Il est minuit moins des millions
"La solitude ça n'existe pas"
Dehors quelques flics et un créancier ont attrapé un démuni
Ils vont essayer de l'empaler sur un cyprès
Ou bien l'emmener en car dans leur hospice de rééducation
"La solitude ça n'existe pas"
J'attends moi aussi
Qu'ils viennent me chercher
Dimanche ou bien le lendemain de l'Ascension
"La solitude ça n'existe pas"
Pour m'emmener pieds et poings pris
Et la tête cagoulée
Dans leurs prochaines prisons
"La solitude ça n'existe pas"
Un écrivain déplumé a gauchi
Mais aujourd'hui en place *pubique* on l'a décapité
Pourtant dans ses yeux blêmes on lit "Rebellion"
"La solitude ça n'existe pas"
Alors nous attendons tous assis
La prochaine fête municipale le prochain carnaval le prochain jour férié
Pour ressortir nos beaux lampions
"La solitude ça n'existe pas"
Alors dans mon cagibis
Moi je sors un gros livre et me mets à le lire en biais
Histoire de pas trop passer pour un con
"La solitude ça n'existe pas"
"La solitude ça n'existe pas"
Mais*"La solitude ça n'existe pas"* non

—————

Minerve pleure

Minerve pleure
Sa dent de sagesse pousse
Et la guerre recommence sans cesse

Dans ce grand jardin des heures
Avance Margot la rousse
Qui nous tient en laisse

Et pendant ce temps-là la guerre avec ses leurres
Nous envoie, armées de Tom Pouce
Sans que cela nous blesse

Car c'est l'Etat qui y fait son beurre
Et nous tous qui de Patrie léchons la gousse
De putride et vieille ânesse

—————

VII - HYSOPE

"Souviens-toi, Barbara..."

Je mettrai ma vie dans un sac poubelle de couleur noire
Avec quelques confettis et mes parties de rire
Avec l'air du temps qui s'en va
Et les deux ou trois femmes qui auront fait ma vie

J'envelopperai mes souvenirs dans le papier gras de ma mémoire
Avec les pétales d'une rose et ces histoires qui m'ont tant fait frémir
Avec mon dentier et deux paires de bas
Avec mes secrets et tous leurs alibis

Je passerai mon coeur à la passoire
Avec ma solitude et pour la tapir
Les draps de mon lit
Avec mon dernier soupir et puis chapeau bas!

———

Dur-dur, cette vie - Feux de Bengale

Sur ma tombe je veux qu'on mette des roses et du pissenlit
Des rats et pour faire bon compte de la moisissure
Et je veux voir aussi des curés tous nus sous leur bure
Pour que d'où je serai je puisse voir enfin s'ils ont ou non un zizi

Je veux qu'on drape mes fesses dans les oripeaux de la patrie
Et que Marianne soit dessinée sur le blanc de la voilure
Pour pouvoir déféquer durant l'éternité sur le drapeau tricul ma chiure
Et je veux que l'on entoure mon sexe de la bannière de Jésus-Christ

Pour qu'une fois aux enfers je ne me sente pas de remonter la subite envie
Et pour qu'enfin aux limbes tous les démons les pourritures les raclures
Aient le resouvenir de toute ma vie d'homme au service du souci et de l'ennui

Et puis je veux aussi des tam-tams africains pour faire la nique à la procédure
Et des feux de Bengale pour le cimetière d'ici
Pour ne pas trop vite pourrir au bourre-couillon de la froidure et de l'oubli

———

La chanson pécheresse du suicidé

Sous les rouleaux incandescents de la mer verte et étale
Peut-être aurait-il voulu que je lui demande
"Comment ça va?"
Il a le visage si pâle

Mais l'air est si lourd qu'à chaque main tendue l'on se Tantale
Sur le plateau du repas il ne reste plus qu'une mangue fraîche et deux amandes
Et dans le silence sourd il s'ennuie même le chat
Mais la terre noire et souillée emprisonne le ciel comme une migale

Les jours s'écrasent comme notre amour qui se dédale
Dehors les draps solitaires et chagrins s'enguenillent et pendent
J'ai un peu froid mais ça va
S'il te plaît prête-moi un long lâche

Tout est minot dans la tempête qui nous avale
Si Dieu se présente à l'huis trouvez la Bible qu'on la lui rende
On était si près qu'on se serait bien touché le bout des doigts
Mais l'amour c'est dans les têtes pas dans les fers-à-cheval

Et pendant qu'à la télé qui bouge les gens s'auto-régalent
L'horloge et le pain sur la table attendent
Et nous quand ça ne fait plus au final que toi et moi
Qui mourons un peu encor dans le silence du gaz brun et mâle

———

Au sceau des "Assez"

Finir ma vie dans un bain de sang aux Etats-Unis
Dans la chambre d'un motel minable sur le bord de la Highway
Avec le soleil ponant et les canyons entrelacés
Allongé devant l'écran de télé allumé

La tête éclatée par un colt nazi
La radio jouant inlassablement par la porte entr'ouvert' un vieux standard de Cab Galloway
Les branches-racines asséchées des boules portées par le vent du soir glacé
Et dans le cendrier marron une cigarette finissant de se consumer

Ce serait dans ce trou paumé du Kentucky
Entre Kérouac et le Bagad de Lann Bihoué
Avec le bruit assourdi des Thuckers continuant de tracer

Blow-out sur les voix de la nuit
Dans l'ombre sanglante de mes ray-bans fumées
Lipstick hémoglobine sur mes lèvres tatouées

Au sceau des assez

———

Enième tentative

TS
TS
TS
TS
TS
TS

Avec les bras que l'on baisse
Et nos envies qui se dégouttent
Entre notre envie de s'enfuir allways on the   route
Et nos coeurs hebdomadaires d'EPS

TS
TS
TS
TS
TS
TS

Mais bientôt la jeunesse nous délaisse
Vieille putain qu'a la goutte
Mais trop tard pour nous remettre en doute
Au triste cimetière les humanoïdes électro-ménagers sont HS

TS
TS
TS
TS
TS
TS

Qu'est-ce qu'on s'est aimé avec nos coeurs de coton et nos corps en laisse
Maintenant quelle déroute
Les vieux amants cherchent Caïn en chef-scout
Et je sors la lame tranchante de mon FS

TS
TS
TS
TS
TS
TS

———

Resist

Defunct
No longer existing or functioning
J'ai plus d'piles et franchement
Je ne vais plus longtemps resisting
Defunct
No longer existing or functioning
C'est le black-out complet sur ma résistance
Secteur débranché

Defunct
No longer existing or functioning
On danse on s'en fout franchement
Paname a fini sa nuit au fond d'un de ses dancings
Defunct
No longer existing or functioning
Ca traîne ça tringle ça craint silence
Sur le flash-back d'hier déjà couché

Defunct
No longer existing or functioning

C'est déjà demain je crains vraiment
Et je crains que ça ne ce voit oh I'm shocking
Defunct
No longer existing or functioning
Balaise la meuf du 3ème rang à droite qui s'élance
Sur le corps des destinées d'un black d'un destin vidé

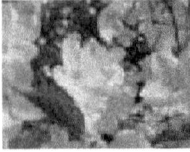

Defunct
No longer existing or functioning
C'est pas l'fatum c'est pas l'destin méchant
C'est les pattes en arrière l'human being
Defunct
No longer existing or functioning
V'là qu'ça fait bien ma chanson à tringler des nanas freelance
Et ça je bave sur mon verre inachevé

———

Exit

Exit de ma vie
Sous le joug des aryens

———

To die in The Summer Time

J'ai passé toute la nuit assis sur le banc d'en face
A écouter filer le temps qui passe
J'ai senti l'odeur acide âcre et tenace
Des rosiers grimpants et de l'herbe qui se tasse
Il faisait chaud et je me suis endormi comme une masse
Sur le pavé luisant et l'herbe grasse
Pris dans la vie immobile comme une nasse
Les branches aux larges feuilles d'un platane sur ma face
J'ai passé toute la nuit assis sur le banc d'en face
A écouter filer le temps qui passe

———

"*Le pet au vilain*" 1990

Dans mille ans nous serons tous morts mes frères pauvre vieux Scrooge
T'as du poison dans les veines et du sang sur les verres
Ta queue traîne en feu dans ta bière
Et t'as d'la mort-aux-rats dans tes poch' qu'des nains fougent

T'as ta ligne de départ derrière
Et dans l'dos ton feu est passé au rouge
Tu squatte le dernier lupanar du sommeil chez d'vieilles put' amères
Et tu t'répands sous ton ventr' où déjà les asticots bougent

Gisant gésir fleur amère de pavé vert
Tes souvenirs se couchent
Sous l'éclairage des belvédères

Ta tête émerge de ta bouche
Comme une hydre-égoût aux yeux pers
Quand arrivé soudain surgit Hadès qui t'louche et se mouche (sur tes mouches)

―――――

Ma première volonté

Pourquoi vivre sans soleil
Pourquoi vivre sans été

Moi le païen le pauvre diable
L'épouvantail
Bourré fardé de paille
Même les corbeaux n'ont pas voulu être mes amis
Ils m'ont pris pour un humain

A quoi sert de vivre bancal
A quoi sert de vivre à moitié
Moi le païen le pauvre diable
L'épouvantable
Le *desdichado* au château de sable
Même les rats n'ont pas voulu envahir mon triste manoir
Parce qu'ils ont cru que j'étais encor un homme

Pourquoi vivre encor quand sonne le réveil
Oubliant qu'on a déjà été
En avant pour nos étables
Où vieillissent quelques canailles
Le fusil à la main au casque élimé et l'habit de mailles
Visités par quelques ministres nazis
Aux promesses pleines les mains

A quoi sert de consulter nos écrans neuro-gardénals
Quand la lèpre nationale surgit du monde entier
Et que les travailleurs en mal de fables
Continuent de ronger leur bout de râble
En s'armant un peu plus attendant les ordres des policiers du câble
A quoi même sert le désespoir
Quand le Quai d'Orsay envisage de rouvrir la pension Belhomme

―――――

Lady Smith

Lady Smith solitaire
Dort au fond de son tiroir
Entre deux papiers de divorce
Et une gomme rose et bleue

Lady Smith propre comme un sou neuf
Brille dans le noir
Comme les regrets d'un veuf
Après une vendetta corse

Lady Smith appuie de toute sa force
Sur un quelconque torse
Au revers d'un gilet vert

Ou contre deux boucles de cheveux
Lady Smith sort de son étui comme d'une écorce
Pour chanter, déesse protectrice et psychopathe qu'on amorce

––––––

1 pour

J'arrivais sodomisé par l'acier insane de vos usines
Mon flingue dans la braguette
Un tatouage sur l'épaule
"*Celui qui boira ce vin/ Boira l'sang des copains*"

Rêvant de lendemains
Préparant des casses à la colle
Autour des bières dans la fumée des cirrus-cigarettes
Hier nous irons prendre la Bastille et la marine

Mais les voyages sont loin
Quand brûlaient les collines mourant les caracoles
La banlieue sédimente si bien nos baskets
Buscando el Amor entre los dedos des catins câlines

Guerre et Famine côtoient nos bars où se disputent
L'Amour amer aux poings américains
Pour les yeux d'une fille-passage loin d'eux l'école
Et des paroles intimes

––––––

Crois-moi en qui?

Y'a pas mort d'homme
A 3 j'me rallume
Avant d'me r'trouver sur le bitume
Clochard parmi les hommes
Parce que la société n'avait pas b'soin de ma pomme ma pomme ma pomme
A moins qu'j'devienne hors-la-loi
Et ma fasse chasser par Joss Randall et qu'on m'emprisonne dans leurs geôles
Bien peu littéraires
Pour un vol de pommes
Et qu'j'finisse comme
Fille de joie
Pour deux-trois militaires

En armes et scholls
Ou pour quelques nègres ithyphalliques
Qui me prendraient à trois
Dans la cour ou sous les douches chaudes
En public
Ou à huis-clos dans ma prison-ribaude
Entre canifs trique
Et gaule
Dans la haine des hommes
Pauv' môm'
Sans un mot dans ma brume
Sans un sou et de guingois

Un soir de biture
Où la dive-bouteille
Me servira de bure
Pour l'pas chaud hiver
A 3 j'me rallume
Attends-moi
Y'a pas mort d'homme
Comme on dit
Crois-moi
Eh oui

———

Incinération

Je quitte votre géhenne pour l'ombre plus clémente
Pense à moi parfois

Ceci est ma dernière volonté
Je veux être brûlé avec tous mes livres et mon premier chat
Et que mes cendres soient répandues au-dessus de la Forêt Vierge
Là où il ne fait jamais froid
Je ne veux pas être coursier ni faire des ventes
J'en ai marre d'attendre ma Mort lente
Je préfère m'en aller

Et sauter la berge
Aller voir l'Enfer
Si Lucifer
Est moins égoïste que votre Dieu et s'il y pousse des canneberges
Pense à moi parfois
Avant de t'endormir
Et garde mon âme bien au froid
Auprès de toi
Pense à moi souvent
Relis-moi souvent
Je veux que tu sache qu'à mon dernier sourire
Je n'aurai vu que l'éther
Dans ma nuit
Ceci est ma dernière volonté
Je veux être brûlé avec tous mes livres et mon premier chat
Et que mes cendres soient répandues au-dessus de la Forêt Vierge
Je veux m'éparpiller
Dans la nuit
Me répandre de mon urne comme le malheur sur le monde
Et à cheval sur les grands vents
Aller voir si la terre est ronde
Abattre petite pluie
Courir après les nuages chagrins et les vagues d'oiseaux d'air
Surnager des mers
Et puis retomber
Et mourir

Enfin parmi la poussière
Et les mortes lentes
Ne brûle pas de cierge
Mais si tu en brûles quand même fais-le en priant
Pour qu'après il n'y ait vraiment plus rien
Qu'enfin
Je puisse vivre en paix ma petite mort
De tout mon corps
Car si je quitte votre géhenne c'est pour l'ombre plus clémente
Pense à moi parfois
Ceci est ma dernière volonté
Je veux être brûlé avec tous mes livres et mon premier chat
Puis que mon urne une fois brisée
Mes cendres noircies
Soient répandues au-dessus de la Forêt Vierge

———

Cliché d'autopsie
Moi trois quarts profil en noir et blanc
Sous un drap blanc
Rêche et ammoniaqué d'hôpital

———

URGENCE

URGENCE
Ch. la f. que je pourrais aimer, respecter et admirer
intellectuelle, sûre de soi mais douce et compréhensive
cueillies les fleurs fanées
les derniers fruits de la saison
et aimé ça
mais plus égoïstes peut-être
ou plus vains alors
par manque de soif
try to find a warm place/ to spend a night
C'est pas de l'anthropologie
discuter sans fin en vain
parler pour conceptualiser la misère du quotidien
ouais la misère du quotidien
c'est compliqué
faire le mariole
jouer au futé
je me demande si les femmes sont autant dans l'urgence que nous
et regardent nos profils
comme nous les leurs
objets toujours
du désir mien
nôtre
vieux masochiste machiste
chercher ma femme
l'éternelle
celle qui n'apparaît jamais
la belle la forte l'unique la volontaire l'amoureuse la compréhensive l'amie l'amante
celle qui protège et permet de le faire ce pas de chaque jour vers l'avant
bravoure
et désespoir
et Springsteen
'cause tramps like us, baby we were born to run
ou un autre
un peu soul un peu déhanché
au bout de la route
la nuit quand il fait bleu
et que ça ne va plus trop bien
les longues heures qui n'en finissent pas
avant le petit matin qui revient pour animer
quand on ne le voit plus
les yeux dans le brouillard et la tête dans une boîte
à musique peut-être

mais qui rend sourd
le jamais le toujours le peut-être
on y a cru aux serments
déchiré rejeté fatigué échaudé
chat sans queue
brûlé dans l'âme
téméraire et peureux à la fois
du sexe
autre
alors
quelle recherche
ma vie

à mettre à joindre à la peau d'une autre vie
si c'était possible
mais
la chair est triste hélas
et j'ai lu tous les livres
qui sait
innocence des discours
autocratiques
s'écouter
quand on voudrait entendre
cette autre voix
mais bon
qui n'est pas là
elle
jamais
et le manque aussi
alors
on se parle tout seul
faut bien
la triste Bunny

———

Hysope

Lavez-moi les pieds
Passez-moi la pointe des mamelons au savon noir
Frottez-moi le corps au nard
Cousez-moi les lèvres et les yeux au point croisé

Faites-moi un lavement complet
Faites mousser le savon sur ma bouche et mes ongles noirs
Laissez couler dans mes
Veines le flot apaisant du curare

Nettoyez mes paumes et mes jambes à la brosse de crin
Pour bien les étriller
Placez mes fesses et mon sexe faites couler
Mon sang d'une cuvette d'acier

Recouvrez mon abdomen d'un bavoir blanc
Sorti du sombre et taciturne tabloir

Feutré rasez-moi et mettez
Chaque échantillon de mes cheveux et de mes poils

A l'intérieur d'un bocal
Scellé enfoncez
Un tuyau de plastique rouille dans mon nez
Dénombrez mes éphélides et

Mes marques mes points de beauté
Sur un grand cahier maquillez
Mon visage et mes ecchymoses injectez
Un neuro-tenseur dans les muscles de mes mâchoires

———

AERE PERENNIUS

www.ingramcontent.com/pod-product-compliance
Lightning Source LLC
Chambersburg PA
CBHW030825090426
42737CB00009B/873